DOUTRINA SOCIAL
DA IGREJA

Dados Internacionais de Catalogação na Publicação (CIP)
(Câmara Brasileira do Livro, SP, Brasil)

Alves, Antonio Aparecido
   Doutrina Social da Igreja : um guia prático para estudo / Antonio Aparecido Alves. – 2ª edição revista e ampliada – Petrópolis, RJ : Vozes, 2020.

   Bibliografia.

   1ª reimpressão, 2025.

   ISBN 978-85-326-4912-6

   1. Igreja Católica – Doutrina social 2. Igreja e problemas sociais I. Título.

14-11205   CDD-261

Índices para catálogo sistemático:
1. Doutrina social da Igreja   261

Pe. Antonio Aparecido Alves

DOUTRINA SOCIAL DA IGREJA
Um guia prático para estudo

EDITORA VOZES

Petrópolis

© 2014, 2020, Editora Vozes Ltda.
Rua Frei Luís, 100
25689-900 Petrópolis, RJ
www.vozes.com.br
Brasil

Todos os direitos reservados. Nenhuma parte desta obra poderá ser reproduzida ou transmitida por qualquer forma e/ou quaisquer meios (eletrônico ou mecânico, incluindo fotocópia e gravação) ou arquivada em qualquer sistema ou banco de dados sem permissão escrita da editora.

CONSELHO EDITORIAL

Diretor
Volney J. Berkenbrock

Editores
Aline dos Santos Carneiro
Edrian Josué Pasini
Marilac Loraine Oleniki
Welder Lancieri Marchini

Conselheiros
Elói Dionísio Piva
Francisco Morás
Teobaldo Heidemann
Thiago Alexandre Hayakawa

Secretário executivo
Leonardo A.R.T. dos Santos

PRODUÇÃO EDITORIAL

Anna Catharina Miranda
Eric Parrot
Jailson Scota
Marcelo Telles
Mirela de Oliveira
Natália França
Priscilla A.F. Alves
Rafael de Oliveira
Samuel Rezende
Verônica M. Guedes

Editoração: Maria da Conceição B. de Sousa
Diagramação: Sheilandre Desenv. Gráfico
Revisão gráfica: Editora Vozes
Capa: HiDesign Estúdio

ISBN 978-85-326-4912-6

Este livro foi composto e impresso pela Editora Vozes Ltda.

Sumário

Apresentação, 7

Unidade 1 Fundamentos da Doutrina Social da Igreja, 9
    Questões para autoavaliação, 34

Unidade 2 Princípios ético-teológicos: justiça, caridade, bem comum e solidariedade, 39
    Questões para autoavaliação, 54

Unidade 3 As encíclicas e os documentos sociais, 59
    Questões para autoavaliação, 109

Unidade 4 Questões atuais da Doutrina Social da Igreja, 115
    Questões para autoavaliação, 143

Siglas

CA = *Centesimus Annus*

CDSI = *Compêndio de Doutrina Social da Igreja*

Celam = Conselho Episcopal Latino-Americano

CNBB = Conferência Nacional dos Bispos do Brasil

CV = *Caritas in Veritate*

DAp = *Documento de Aparecida*

DCE = *Deus Caritas Est*

DH = Direitos Humanos

DSI = Doutrina Social da Igreja

EG = *Evangelii Gaudium*

GS = *Gaudium et Spes*

LE = *Laborem Excercens*

MM = *Mater et Magistra*

OA = *Octogesima Adveniens*

ONU = Organização das Nações Unidas

PP = *Populorum Progressio*

PT = *Pacem in Terris*

QA = *Quadragesimo Anno*

RN = *Rerum Novarum*

SRS = *Sollicitudo Rei Socialis*

Apresentação

Olá, estudante! É uma alegria apresentar-lhe este guia prático para o estudo da Doutrina Social da Igreja. Meu nome é **Antonio Aparecido Alves** e sou presbítero na Diocese de São José dos Campos, SP. Atuo também como professor de Teologia e em assessorias na área de Doutrina Social da Igreja. Neste trabalho procurei fazer o possível para que você aprecie e se interesse por esse assunto! Convido também a visitar o meu blog, no qual você encontrará muito material sobre a Doutrina Social. Acesse www.caminhoevidas.com.br

Você sabia que a dimensão social da fé não é algo recente? Esta preocupação é uma constante no cristianismo, a julgar pela prática das primeiras comunidades cristãs. O Livro dos Atos dos Apóstolos relata-nos o espírito de solidariedade que predominava entre os primeiros cristãos (At 2,42-47; 4,32-35), malgrado os problemas que também se observavam nessa comunidade (At 6,1). Ainda dentro dessa dimensão vemos Paulo organizando uma coleta em prol da Igreja de Jerusalém (2Cor 8–9), apelando para a solidariedade de todos para com os pobres.

O testemunho que temos dos que viveram mais próximos da era apostólica, chamados "Padres da Igreja", é eloquente no que tange a essa preocupação social. "O uso comum de tudo que há neste mundo destinava-se a todos; porém, devido à iniquidade, um disse que isto era seu e outro disse que aquilo era dele, e assim se fez a divisão entre os mortais", dizia São Clemente, que foi papa entre os anos 88 e 97. Outro grande Padre da Igreja dizia que "não é teu bem que distribui aos pobres. Devolves a ele apenas a parte do que lhe pertence, porque usurpas para ti sozinho aquilo que foi dado a todos, para o uso de todos. A terra pertence a todos, não apenas aos ricos" (Santo Ambrósio, 340-397). Dessa maneira, os Padres da Igreja, embora não tenham feito um tratado social sistemático, legaram-nos grandes exortações, especialmente no que se refere à destinação universal dos bens da criação.

Durante toda a Idade Média e Idade Moderna tivemos a construção de hospitais, asilos e uma incontável quantidade de obras sociais que foram levadas à frente por leigos, religiosos e religiosas, visando atender às necessidades do próximo, minimizando, assim, seus sofrimentos. Além disso, a contribuição de grandes pensadores, como Santo Tomás de Aquino, ajudou a sistematizar teologicamente esta dimensão social da fé. Graças às obras de caridade levadas adiante nesse tempo tivemos inumeráveis santos e santas!

Mas foi na Idade Moderna, com o advento da industrialização, que começou uma maneira nova de a Igreja se fazer presente nas questões sociais. A exploração dos operários motivada pela avidez do lucro, que já havia levado à fundação do Partido Comunista com o seu *Manifesto* (1848), obrigou a Igreja a manifestar-se oficialmente sobre a questão operária. Nesse período havia numerosas iniciativas em andamento, reunidas em torno do que se chamava "catolicismo social", mas faltava uma palavra da Igreja. A primeira vez em que isso aconteceu foi no ano de 1891 com a encíclica de Leão XIII, que se chamou *Rerum Novarum* (Das Coisas Novas), à qual seguiram-se diversas outras até os nossos dias, geralmente comemorativas daquela primeira.

São João Paulo II afirmou que a Doutrina Social da Igreja faz parte da missão evangelizadora da Igreja (SRS 41), e por isso é um conteúdo essencial da evangelização, de tal forma que todos os projetos e atividades de evangelização deveriam contemplar essa dimensão (CA 5). Recentemente o Papa Francisco escreveu que o querigma, isto é, o anúncio fundamental da fé, tem um conteúdo inevitavelmente social e por isso dedicou um capítulo de sua Exortação Apostólica *Evangelii Gaudium*, sobre o anúncio do Evangelho no mundo atual, à dimensão social da evangelização (capítulo IV), com preciosos ensinamentos sociais, como teremos oportunidade de ver ao longo deste estudo.

Infelizmente, algumas pessoas olham com desconfiança a Doutrina Social da Igreja por julgarem-na reacionária e favorável à manutenção do *status quo* burguês, enquanto, do outro lado, a rotulam de ideológica e de esquerda. Para outras, a impressão é a de que esta é uma temática enfadonha por causa de citações de documentos da Igreja e nomes de papas. Espero que este guia prático possa torná-la agradável e atraente para motivá-lo a se interessar pelas questões sociais e por este assunto!

Bom estudo!

UNIDADE 1

Fundamentos da Doutrina Social da Igreja

Nesta parte você terá um contato geral com a Doutrina Social da Igreja, conhecendo mais de perto sua origem e seus fundamentos. Esta unidade está dividida em seis blocos, organizados da seguinte maneira:

No **Bloco 1** serão apresentadas algumas considerações conceituais sobre definição e origem da DSI.

O **Bloco 2** apresenta rapidamente os grandes princípios da DSI, divididos em cinco esferas: pessoa, política, sociedade, economia e criação. Alguns princípios serão vistos, posteriormente, na Unidade 2.

No **Bloco 3** você verá uma panorâmica das encíclicas e documentos sociais, situados em seu contexto histórico.

O **Bloco 4** salienta alguns aspectos da dimensão prática da DSI.

No **Bloco 5** vemos os fundamentos bíblicos da DSI.

Por fim, o **Bloco 6** apresenta os fundamentos patrísticos e tomistas da DSI.

Leia atentamente os textos de documentos que serão indicados nos boxes, bem como os textos bíblicos e outros. No final da unidade, algumas questões o ajudarão a retomar o que foi estudado.

Atenção: Ao citarmos documentos, utilizamos os números marginais dos mesmos, não a numeração das páginas. Fique atento! Bom estudo!

BLOCO 1

ENSINO SOCIAL, PENSAMENTO SOCIAL OU DOUTRINA SOCIAL? QUAL É O NOME CORRETO?

Você já ouviu falar de "Doutrina Social da Igreja"? Ou então de "Ensino Social da Igreja?" Ou quem sabe tenha ouvido "Pensamento Social Cristão?" Pois bem, os nomes são parecidos e referem-se ao mesmo conteúdo, mas há ligeiras diferenças entre eles:

ENSINO SOCIAL DA IGREJA: Esta nomenclatura aparece em alguns documentos sociais. Dá a ideia de certa liberdade e que não tem um caráter "pesado" e "obrigatório". Aponta, ainda, para os ensinamentos sociais presentes na teologia de Santo Agostinho, Santo Tomás de Aquino e outros, bem como para os documentos da Igreja, sejam os emitidos de Roma, quanto os de episcopados continentais, como o latino-americano, o europeu, o africano e outros.

PENSAMENTO SOCIAL CRISTÃO: É menos utilizado em documentos sociais e indica uma grande abertura, inclusive para o ensino social das igrejas cristãs da Reforma.

DOUTRINA SOCIAL DA IGREJA: A expressão "Doutrina Social da Igreja" ou "Doutrina Social Católica" aparece desde o início, embora não tenha se firmado devido ao peso da palavra "doutrina", que parecia algo impossível de ser reformulado. Coube a São João Paulo II, no discurso inaugural da III Conferência Geral do Episcopado Latino-americano em Puebla (México), reafirmar a nomenclatura "Doutrina Social da Igreja", que passou a ser utilizada daí em diante, e foi assumida no título do compêndio social da Igreja, denominado "Compêndio de Doutrina Social da Igreja". A Doutrina Social da Igreja é ensinada nas encíclicas sociais pontifícias, bem como pode também ser apresentada nos documentos episcopais continentais, nacionais ou, ainda, do Bispo em sua respectiva Diocese, sempre em comunhão com o papa.

O Decreto do Concílio Ecumênico Vaticano II *Christus Dominus*, sobre o Múnus Pastoral dos Bispos na Igreja, acentua que *ensinar* é o mais eminente dos seus deveres. No que diz respeito à questão social, esse Decreto evidencia que os bispos devem ensinar, à luz da Doutrina Social da Igreja, o valor da pessoa humana, de sua liberdade e de sua própria vida física, econômica e social, além de outros temas conexos a esses (*Christus Dominus*, n. 12). Em seguida, destaca o Decreto que os bispos devem ensinar essa doutrina social com "um método adaptado às necessidades dos tempos", de tal modo que esse corresponda "às dificuldades e aos problemas" que afligem diretamente as pessoas, e "com especial cuidado se interessem pelos pobres e humildes, para cuja evangelização os mandou o Senhor" (Idem, n. 13).

Neste nosso guia utilizaremos a expressão "Doutrina Social da Igreja", entendendo o seguinte:

Doutrina: Refere-se a um *corpus* coerente, a um conjunto de ensinamentos. No caso da DSI, este é constituído por princípios de reflexão, critérios de juízo e diretivas para a ação, que foram se formando desde os albores da Revolução Industrial e estão expressos nas encíclicas sociais pontifícias.

Social: Entende-se aqui as relações formais institucionalizadas da vida em sociedade (relações políticas, econômicas, sociais e outras).

Igreja: Significa que essa doutrina é própria da Igreja Católica, como instituição organizada na sociedade.

Pode-se dizer, em poucas palavras, o que é a Doutrina Social da Igreja, tal como aparece definida em alguns documentos sociais:

"Um conjunto de princípios de reflexão, critérios de juízo e diretivas para a ação".

Você encontra essa definição nos seguintes documentos sociais: PAULO VI. *Octogesima Adveniens* 4. • JOÃO PAULO II. *Sollicitudo Rei Socialis* 41. • CONGREGAÇÃO PARA A EDUCAÇÃO CATÓLICA. *Orientações para o ensino da Doutrina Social da Igreja nos seminários*, 2. Veja nas referências no final desta unidade a citação completa.

Como nasce a Doutrina Social da Igreja?

Veja este gráfico:

Figura 1

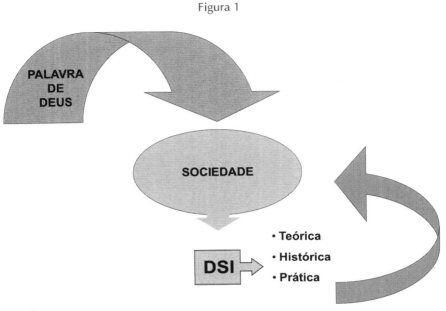

Explicando

A Doutrina Social da Igreja nasce do encontro da Palavra de Deus com a vida em sociedade e assume uma dimensão teórica (princípios), histórica (encíclicas) e prática (atitudes). Tudo isso se reverte sobre a vida em sociedade, buscando transformá-la, de acordo com o projeto de Deus.

Para você fixar melhor, leia este trecho do documento da Congregação para a Educação Católica:

"O Ensino Social da Igreja tem a sua origem no encontro da mensagem evangélica e das suas exigências éticas com os problemas que surgem na vida da sociedade. As exigências assim evidenciadas tornam-se matéria de reflexão moral que amadurece na Igreja através da investigação científica e também da experiência da comunidade cristã, que deve confrontar-se todos os dias com as várias situações de miséria e, sobretudo, com os problemas originados pelo aparecimento e desenvolvimento do fenômeno da industrialização e dos sistemas socioeconômicos que lhe estão conexos. Esta doutrina forma-se com recurso à teologia e filosofia, que lhe dão uma fundamentação, e às ciências humanas e sociais, que a completam. Ela projeta-se sobre os aspectos éticos da vida, sem esquecer os aspectos técnicos dos problemas, para julgá-los com critério moral. Baseando-se em princípios sempre válidos, ela comporta juízos contingentes, dado que se desenvolve em função das circunstâncias mutáveis da história e se orienta essencialmente para a ação ou praxe cristã" (CONGREGAÇÃO PARA EDUCAÇÃO CATÓLICA. *Orientações para o estudo e o ensino da* Doutrina Social da Igreja *na formação sacerdotal,* n. 3).

BLOCO 2

ELEMENTOS TEÓRICOS DA DOUTRINA SOCIAL DA IGREJA

Os elementos teóricos são os grandes **PRINCÍPIOS** que estão na base da DSI. Alguns desses serão retomados na Unidade 2 para um aprofundamento maior. O capítulo III do Compêndio da Doutrina Social da Igreja aborda a primeira esfera desses princípios, que são referentes à Pessoa. No capítulo seguinte do mesmo texto (IV) vem abordado os demais princípios. Optamos por organizá-los nessas esferas, sendo que alguns que estão no Compêndio aqui não se veem, mas estão subentendidos.

Vamos distribuí-los dentro de cinco grandes áreas:

Figura 2

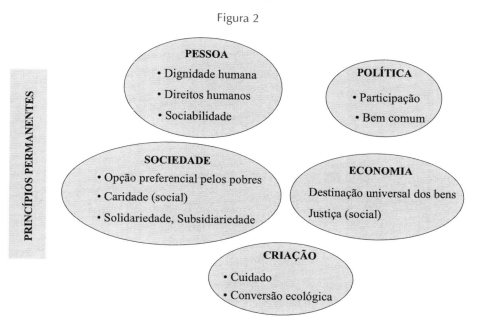

Pessoa

Este princípio "personalista" é fundamental para a DSI e expressa a centralidade da pessoa em todos os âmbitos da vida social. Você encontra esse princípio personalista desenvolvido no capítulo III do Compêndio da Doutrina Social da Igreja, ao qual faremos algumas referências.

Dignidade humana: Deriva do fato de a pessoa ser "imagem e semelhança de Deus" (Gn 1,27), e com isso sua vida tem uma relação direta com o Criador. O que na Antiguidade era prerrogativa dos reis, faraós e imperadores, agora na Bíblia é estendido a todas as pessoas.

Dentre todas as criaturas, o ser humano é *capax Dei*, isto é, capaz de conhecer e se relacionar com Deus (CDSI 109). Essa dignidade não se fundamenta, portanto, na posição social da pessoa ou na grife que ela usa, menos ainda no automóvel que dirige. Com isso, dizemos que não são as "coisas" que conferem valor ao ser humano.

Sociabilidade: Sendo imagem e semelhança de um Deus-comunhão, também o ser humano é relacional, e daí o conceito de "pessoa". Isso significa que ele não é um "indivíduo" fechado, mas está aberto aos outros e ao cosmos. Este princípio está na contramão do pensamento individualista caracterizado no ditado "cada um para si e Deus para todos".

Direitos Humanos: Embora esta temática seja fundamental, a Igreja teve dificuldades em aceitar o paradigma moderno dos Direitos Humanos que nasceram em um contexto liberal e anticlerical (Revolução Francesa), o que não significa que não houvesse apreço por esse tema, pois temos documentos eclesiais preciosos sobre os direitos dos índios e dos negros no período colonial.

Em plena Segunda Guerra Mundial Pio XII falava de uma nova ordem social mundial que deveria basear-se sobre a dignidade humana, e elaborou uma lista pioneira de Direitos Humanos (*Con Sempre*. Radiomensagem de Natal de 1942, 34), completada por São João XXIII (PT 11-27), que acrescentou os respectivos deveres (PT 28-45). Aliás, foi no magistério desse pontífice que se fez uma menção positiva aos DH promulgados pela ONU (PT 141-144).

Dentro da concepção cristã, os Direitos Humanos fundamentam-se na dignidade inviolável de cada ser humano, como imagem de Deus, sendo direitos universais, invioláveis e inalienáveis (CDSI 153).

Para completar esta parte, leia o seguinte texto:

"*O homem, tomado na sua concretude histórica, representa o coração e a alma do ensinamento social católico. Toda a doutrina social se desenvolve, efetivamente, a partir do princípio que afirma a intangível dignidade da pessoa humana.* Mediante as multíplices expressões dessa consciência, a Igreja entendeu, antes de tudo, tutelar a dignidade humana perante toda tentativa de repropor imagens redutivas e distorcidas; ademais, ela tem repetidas vezes denunciado as muitas violações de tal dignidade. A história atesta que da trama das relações sociais emergem algumas dentre as mais amplas possibilidades de elevação do homem, mas aí se aninham também as mais execráveis desconsiderações da sua dignidade" (*Compêndio de Doutrina Social da Igreja* 107).

Política

Depois de ver os princípios teóricos da DSI ligados à PESSOA, veremos agora dois importantes princípios da área política. São eles:

Participação: A Carta Apostólica *Octogesima Adveniens* destaca que a "participação" é uma das grandes aspirações do homem moderno, sinal de sua eminente dignidade (n. 22). O mesmo documento ressalta que é uma exigência fundamental da natureza do homem a de cooperar na realização do bem comum, de forma organizada e intensa (n. 46-47). Ademais, esta é uma exigência da democracia que não pode ser reduzida à formalidade do voto. Por isso, temos hoje canais constitucionais de participação democrática direta, tais como o Projeto de Lei de Iniciativa Popular, o Referendo e o Plebiscito. Podemos destacar, também, os Conselhos Paritários em todos os níveis, especialmente os que são previstos na Constituição: Criança e Adolescente, Saúde, Assistência Social e Educação. É importante, por fim, destacar outras formas de participação cidadã, tais como os Sindicatos, as Associações, os Grupos de acompanhamento de Governo, as Sociedades Amigos de Bairro, as ONGs, OSCIPs e outras entidades.

Bem comum: Este é um princípio fundamental porque se refere ao empenho de todos para o bom funcionamento da sociedade. Na Unidade 2 ele será estudado como um princípio ético-teológico. Aguarde!

Para completar, leia este texto de Paulo VI sobre "participação":

"Ao mesmo tempo em que o progresso científico e técnico continua alterando profundamente a paisagem do homem, bem como os seus próprios modos de conhecer, de trabalhar, de consumir e de ter relações, exprime-se, cada vez mais nítida, nestes novos contextos, uma dupla aspiração, mais viva à medida que se desenvolvem a sua informação e a sua educação: a aspiração à igualdade e a aspiração à participação; tratam-se de dois aspectos da dignidade do homem e da sua liberdade" (*Octogesima Adveniens* 22).

Sociedade

Tendo presente esses dois grandes princípios teóricos da DSI ligados à POLÍTICA, além dos relacionados à PESSOA, veremos agora alguns de especial incidência na sociedade. São eles:

Caridade social: Santo Tomás de Aquino fala na *Summa Theologica* de um "amor de benevolência" que se dirige ao outro (ST II-II, Q. 23, a. 1), em referência à "amizade" que, segundo Aristóteles, une as pessoas dentro da pólis (*Ética a Nicômaco*, livros VIII e IX). A expressão "caridade social" foi introduzida no vocabulário da DSI em 1931 por Pio XI na Encíclica *Quadragesimo Anno* (n. 88). A caridade social é a virtude que se dirige às pessoas, não mais tomada isoladamente, mas em seu conjunto, pois seu objeto é o conjunto de toda a sociedade, ordenando tudo ao bem comum e ao bem último, que é Deus. Essa caridade é chamada também de "caridade civil" ou "caridade natural".

Solidariedade: Com o passar do tempo, a expressão "caridade social" foi sendo substituída pela palavra "solidariedade" e se tornou o grande mote do magistério social de São João Paulo II. Em sua segunda encíclica, *Sollicitudo Rei Socialis*, a solidariedade é o fio condutor.

Voltaremos na Unidade 2 a falar sobre este princípio, desenvolvendo um pouco mais essa temática tão importante dentro de uma concepção ético-teológica.

Opção preferencial pelos pobres: Esta dimensão é a contribuição da reflexão teológica latino-americana à DSI e foi formulada nas Conferências Gerais do Episcopado Latino-Americano em Medellín (1968) e Puebla (1979), sendo retomado nas demais Conferências Gerais (Santo Domingo e Aparecida). Esta opção dá um "rosto" ao princípio personalista da DSI, indicando o "pobre" como sendo o destinatário da ação pastoral da Igreja.

Na última Conferência Geral do Episcopado Latino-Americano, em Aparecida (2007), o Papa Bento XVI afirmou, em seu discurso inaugural, que a opção pelos pobres está implícita na fé cristológica e deve perpassar transversalmente as estruturas e prioridades pastorais (DAp n. 392 e 396).

O Papa Francisco, por sua vez, ensina que os pobres são uma categoria teológica e não simplesmente sociológica ou cultural, além do que afirma que deseja uma Igreja pobre e dos pobres, de modo que todos devemos nos deixar evangelizar por eles (EG 198). Em sua Exortação Apostólica *Evangelii Gaudium* ele afirma que os pobres são os que mais sofrem com as mudanças climáticas e que eles são deixados em último lugar no planejamento econômico internacional (n. 48-50). Por fim, ele dedica uma parte expressiva desta Exortação ao tema da inclusão social dos pobres (EG 186-216).

Subsidiariedade: Este princípio é um dos mais constantes na DSI, pois é impossível promover a dignidade da pessoa sem que se cuide da família e das outras associações de cunho social, econômico, cultural, desportivo e profissional às quais as pessoas dão vida espontaneamente e que lhes torna possível um efetivo crescimento social. Este princípio apareceu no magistério social de Pio XI (*Quadragesimo Anno*), dentro de um contexto político marcado por Estados totalitários de direita (nazismo e fascismo) e de esquerda (comunismo), pois dentro desses as diversas esferas da sociedade eram simplesmente anuladas.

No magistério recente Bento XVI aplicou este princípio à economia, ao afirmar que o atual processo de globalização tem necessidade de uma autoridade mundial que a governe de modo subsidiário, respeitando a autonomia dos diversos Estados e envidando tudo para um bem comum internacional (*Caritas in Veritate*, n. 57).

Veja o que diz o Compêndio de Doutrina Social *sobre este princípio:*

"O princípio de subsidiariedade protege as pessoas dos abusos das instâncias sociais superiores e solicita estas últimas a ajudar os indivíduos e os corpos intermédios a desempenhar as próprias funções. Este princípio impõe-se porque cada pessoa, família e corpo intermédio têm algo de original para oferecer à comunidade. A experiência revela que a negação da subsidiariedade, ou a sua limitação em nome de uma pretensa democratização ou igualdade de todos na sociedade, limita e, às vezes, também anula, o espírito de liberdade e de iniciativa./.../ A falta de reconhecimento ou o reconhecimento inadequado da iniciativa privada, também econômica, e da sua função pública, bem como os monopólios, concorrem para mortificar o princípio de subsidiariedade" (*Compêndio de Doutrina Social da Igreja*, n. 187).

Economia

Tendo visto os princípios teóricos da DSI relacionados à PESSOA, à POLÍTICA e à SOCIEDADE, vamos agora completar com os princípios ligados a uma área fundamental da existência, que é a Economia. São eles:

Destinação universal dos bens da criação: A DSI acentua um ensinamento presente nos primeiros séculos do cristianismo referente aos bens da natureza, afirmando que estes são destinados a todas as pessoas. O Papa Francisco recentemente lembrou a todos que a função social da propriedade e a destinação universal dos bens são realidades anteriores à propriedade privada (EG 189). Portanto, embora seja um "dogma" para o capitalismo, na DSI a propriedade privada não é um direito absoluto, mas relativo.

Pelo princípio da destinação universal dos bens se conclui que todos devem ter acesso ao que é necessário para uma vida decente e digna e que sobre toda propriedade privada pesa uma hipoteca social. Por isso, o Concílio Ecumênico Vaticano II reafirma o ensinamento tradicional da Igreja que remonta a Santo Tomás de Aquino, de que aquele que se encontra em caso de extrema necessidade tem o direito de tomar dos outros os bens de que necessita, resguardada as condições para a liceidade moral deste ato (GS 69). No campo do Direito isso aparece com o nome de "furto famélico", quando, para garantir sua vida ou a de outro, que é um bem valioso, a pessoa transgride um menos valioso, que é a propriedade privada, respeitados alguns requisitos para sua não criminalização.

Veja o que diz o Compêndio de Doutrina Social da Igreja:

"A tradição cristã nunca reconheceu o direito à propriedade privada como absoluto e intocável: 'pelo contrário, sempre o entendeu no contexto mais vasto do direito comum de todos a utilizarem os bens da criação inteira: *o direito à propriedade privada está subordinado ao direito ao uso comum,* subordinado à destinação universal dos bens'. O princípio da destinação universal dos bens, afirma, seja o pleno e perene senhorio de Deus sobre toda a realidade, seja a exigência que os bens da criação sejam e permaneçam finalizados e destinados ao desenvolvimento de todo homem e de toda a humanidade. Este princípio, porém, não se opõe ao direito de propriedade, indica antes a necessidade de regulamentá-lo. *A propriedade privada, com efeito, quaisquer que sejam as formas concretas dos regimes e das normas jurídicas que lhes digam respeito, é, na sua essência, somente um instrumento para o respeito do princípio da destinação universal dos bens, e portanto, em última análise, não um fim, mas um meio"* (*Compêndio de Doutrina Social da Igreja* 177).

Justiça: O Sínodo dos Bispos de 1971 afirmou que a ação pela justiça é uma "dimensão constitutiva" (n. 6) da pregação do Evangelho. De fato, especialmente na América Latina, a Igreja teve uma atuação bastante importante nessa área, como nos comprovam a caminhada pastoral desse continente e os documentos emanados das assembleias gerais do Celam (Medellín, Puebla, Santo Domingo e Aparecida).

Mais recentemente Bento XVI afirmou que a justiça não somente não é alheia à caridade, mas é a sua "medida mínima" (CV 6). O Papa Francisco, por sua vez, adverte que a Igreja não pode ficar de fora da luta pela justiça e que todos devem se preocupar com a construção de um mundo melhor (EG 183, 201).

Vejamos o seguinte gráfico:

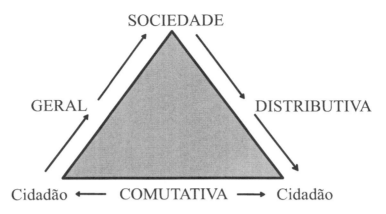

Figura 3

Explicando

Temos aqui a concepção de justiça tal como aparece no ensinamento de Santo Tomás de Aquino. Temos na ponta superior do triângulo a sociedade, que exerce uma JUSTIÇA DISTRIBUTIVA para com o cidadão, isto é, garantindo-lhe tudo o que é necessário para a vida e não permitindo o acúmulo de bens nas mãos de poucos, em detrimento da maioria; por outra parte, o cidadão se relaciona com a sociedade pela JUSTIÇA GERAL, em que observa todas as normas sociais que garantem uma vida social organizada e pacífica; finalmente, o cidadão se relaciona com outro cidadão por meio da JUSTIÇA COMUTATIVA, que é a justiça dos contratos, feita entre duas partes.

Este esquema de justiça funcionou durante a Idade Média, mas entrou em colapso com o advento da industrialização. Essas formas clássicas de justiça foram se reduzindo à "justiça comutativa", sendo que a "distributiva" foi sendo completamente esquecida, e a "geral" tornou-se uma maneira de manter o *status quo* social.

Assim, aparece na DSI a compreensão de **Justiça Social** por meio da Encíclica *Quadragesimo Anno* de Pio XI. Essa nova terminologia vem dar ênfase no sentido econômico, salientando a necessidade de uma justa distribuição e a abolição das diferenças injustas entre os diversos setores sociais, com um marcado acento na melhoria das condições de vida dos mais pobres ou desprotegidos.

"A justiça social faz-nos respeitar o bem comum e a caridade social nos faz amá-lo" (PAULO VI. Discurso no 25º aniversário de fundação da FAO, 16/11/1970).

No campo das ciências sociais temos hoje duas posições no que se refere à justiça social, entendida como igualdade de condições e igualdade de oportunidades. A primeira está centrada nas classes sociais, enquanto a outra o está nas minorias étnicas e grupos sociais marginalizados. A primeira vertente busca reduzir o fosso entre as classes sociais mediante distribuição de renda, enquanto a segunda luta contra as discriminações que constituem obstáculos à realização do mérito, permitindo a cada um ter acesso a posições desiguais ao final de uma competição equitativa. A tese presente na atual concepção de justiça social no âmbito das ciências sociais é a de que, quanto mais se reduz a desigualdade de condições, tanto mais se eleva a igualdade de oportunidades, propiciando assim a mobilidade social (DUBET, 2011, p. 99).

O pensamento social do Papa Francisco parece mover-se dentro dessa perspectiva da igualdade de condições, pois o pontífice não se cansa de denunciar o sistema econômico como sendo perverso e gerador da desigualdade. Acentua, ainda, que o fato de se ter nascido em um lugar com poucos recursos e menos desenvolvimento não significa que se está condenado à pobreza, e repete o convite profético feito por Paulo VI (OA 23), para que os países mais ricos reduzam solidariamente seu padrão de vida para que todos possam ter acesso aos bens necessários à vida (EG 190).

Na Unidade 2 voltaremos a esse tema da justiça, contemplando a sua dimensão bíblico-teológica.

Para concluir, leia este trecho da encíclica de Pio XI:

"Esta lei de justiça social proíbe que uma classe seja pela outra excluída da participação dos lucros. Violam-na, por conseguinte, tanto os ricos que, felizes por se verem livres de cuidados em meio da sua fortuna, têm por muito natural embolsarem eles tudo e os operários nada, como a classe proletária que, irritada por tantas injustiças e demasiadamente propensa a exagerar os próprios direitos, reclama para si tudo, porque fruto do trabalho das suas mãos, e combate e pretende suprimir toda a propriedade e rendas ou proventos, qualquer que seja a sua natureza e função social, uma vez que se obtenham e pela simples razão de serem obtidos sem trabalho" (*Quadragesimo Anno* 57).

No magistério recente Bento XVI aplicou este princípio à economia, ao afirmar que o atual processo de globalização tem necessidade de uma autoridade mundial que a governe de modo subsidiário, respeitando a autonomia dos diversos estados e envidando tudo para um bem comum internacional (CV 57).

Veja o que diz o Compêndio de Doutrina Social *sobre este princípio:*

"*O princípio de subsidiariedade protege as pessoas dos abusos das instâncias sociais superiores e solicita estas últimas a ajudar os indivíduos e os corpos intermédios a desempenhar as próprias funções. Este princípio impõe-se porque cada pessoa, família e corpo intermédio têm algo de original para oferecer à comunidade.* A experiência revela que a negação da subsidiariedade, ou a sua limitação em nome de uma pretensa democratização ou igualdade de todos na sociedade, limita e, às vezes, também anula, o espírito de liberdade e de iniciativa. [...] A falta de reconhecimento ou o reconhecimento inadequado da iniciativa privada, também econômica, e da sua função pública, bem como os monopólios, concorrem para mortificar o princípio de subsidiariedade" (*Compêndio de Doutrina Social da Igreja* 187).

BLOCO 3

DIMENSÃO HISTÓRICA DA DOUTRINA SOCIAL DA IGREJA

Depois de estudar o conceito de DSI (Bloco 1) e sua dimensão teórica, representada pelos grandes princípios sobre a pessoa, a política, a sociedade e a economia (Bloco 2), iremos agora contemplar sua dimensão histórica, pois esta doutrina foi se formando, ao longo dos últimos cem anos, como uma resposta oficial da Igreja aos desafios que vinham da vida em sociedade.

Depois da primeira encíclica, que foi a *Rerum Novarum* (RN), seguiram-se outras, geralmente comemorativas desta. Assim, tivemos a *Quadragesimo Anno* nos quarenta anos da RN e depois uma mensagem de rádio chamada *La solennitá*, nos seus cinquenta anos. Outras encíclicas comemorativas foram a *Mater et Magistra* nos seus setenta anos e a Carta Apostólica *Octogesima Adveniens* no seu octagésimo aniversário. Mais próximo de nós temos a *Laboren Exercens* em seu nonagésimo aniversário, e a *Centesimus Annus* no seu centenário. Algumas encíclicas da Doutrina Social, como a *Pacem in Terris, Populorum Progressio, Sollicitudo Rei Socialis* e *Caritas in Veritate*, não são comemorativas da *Rerum Novarum*, mas têm outra motivação. Mas vamos com calma! Você terá oportunidade para conhecer cada uma dessas encíclicas!

Apresentaremos agora a você uma relação dos documentos sociais, os quais serão estudados mais detalhadamente na Unidade 3. Por enquanto, é necessário ter presente que esses são documentos que respondem a uma determinada problemática, surgida dentro de um determinado contexto histórico.

Os documentos sociais serão apresentados com seu nome latino e português, com sua sigla, com o papa que o escreveu e o ano de sua publicação. São os seguintes:

- *Rerum Novarum,* RN: "Das coisas novas" (Leão XIII, 1891).
- *Quadragesimo Anno,* QA: "Quadragésimo ano" (Pio XI, 1931).
- *La Solennità*: "A solenidade" (Pio XII, 1941). É uma radiomensagem.
- *Mater et Magistra*, MM: "Mãe e mestra" (João XXIII, 1961).
- *Pacem in Terris*, PT: "Paz na terra" (João XXIII, 1963).
- *Populorum Progressio,* PP: "O Progresso dos povos" (Paulo VI, 1967).
- *Octogesima Adveniens,* OA: "Octogésimo aniversário" (Paulo VI, 1971). É uma carta apostólica, não uma encíclica.
- *Laborem Exercens,* LE: "O trabalho humano" (João Paulo II, 1981).
- *Sollicitudo Rei Socialis,* SRS: "A solicitude social da Igreja (João Paulo II, 1987).

- *Centesimus Annus,* CA: "Cem anos" (João Paulo II, 1991).
- *Caritas in Veritate,* CV: "A caridade na verdade" (Bento XVI, 2009).
- *Laudato Si',* "Louvado sejas" (Francisco, 2015).

Por enquanto, ficamos somente com os nomes de cada documento. Espero que você esteja curioso para estudá-los mais detalhadamente! É o que faremos na **Unidade 3**. Tenha paciência!

BLOCO 4

DIMENSÃO PRÁTICA DA DOUTRINA SOCIAL DA IGREJA

Começamos nosso estudo vendo como se forma a DSI (cf. Figura 1) e vimos sua dimensão teórica (princípios) e histórica (encíclicas sociais). Chegamos agora ao nosso último ponto, que é sua **dimensão prática**.

De início é preciso esclarecer que a DSI não está aí para oferecer "receitas prontas" para serem aplicadas à vida social e automaticamente alcançar resultados esperados. De outra parte, ela não quer ser uma mera "teoria social", mas almeja orientar a prática dos cristãos no meio social e político (CA 57), menos ainda uma ideologia ou "terceira via" (SRS 41).

"Os ensinamentos da Igreja acerca de situações contingentes estão sujeitos a maiores ou novos desenvolvimentos e podem ser objetos de discussão, mas não podemos evitar de ser concretos – sem pretender entrar em detalhes – para que os grandes princípios sociais não fiquem meras generalidades que não interpelam ninguém. É preciso tirar as suas consequências práticas para que possam incidir com eficácia também nas complexas situações hodiernas" (*Evangelii Gaudium* 182)

O Concílio diz que os cristãos não devem esperar de seus pastores uma solução pronta para todos os problemas sociais, mas que, esclarecidos pela sabedoria cristã e atentos aos ensinamentos do Magistério, assumam por si mesmos as próprias responsabilidades (GS 43). O mesmo é dito por Paulo VI na *Octogesima Adveniens,* afirmando que compete às comunidades cristãs, à luz do Espírito Santo e em comunhão com seus pastores, enfrentar os desafios da realidade buscando as mudanças que são mais urgentes e necessárias (OA 4).

Por isso, é missão do cristão escolher as opções concretas e imediatas, bem como as políticas e ideológicas, assim como os melhores meios e as melhores iniciativas técnicas, políticas e econômicas para realizar o bem comum à luz dos grandes princípios da DSI. Sem isso, corre-se o risco de cair em um pietismo ou voluntarismo, isto é, acreditar que basta somente "entregar tudo a Deus" ou então somente ter a boa vontade de realizar as mudanças necessárias.

> "A estimulante preocupação pelos pobres – os quais, segundo a fórmula significativa, são 'os pobres do Senhor' – deve traduzir-se, a todos os níveis, em atos concretos até chegar decididamente a uma série de reformas necessárias. Depende de cada uma das situações locais individualizar as mais urgentes e os meios para as realizar" (*Sollicitudo Rei Socialis* 43).

Nesse nível aparece a questão da "ideologia". Ela não é um monstro do qual se deve fugir, mas um elemento de mediação importante na realização de um projeto de sociedade. O Documento de Puebla reconhece essa função positiva (o grifo é nosso): "Uma ideologia será, pois, legítima se os interesses que defende o forem e se respeitar os direitos fundamentais dos demais grupos da nação. Nesse sentido positivo, as ideologias surgem como algo necessário para a esfera social enquanto são *mediações para a ação*" (n. 535).

O encaminhamento prático da DSI pode ir do mandato inequívoco e imediato à ação até a simples sugestão, ao mesmo tempo em que se indicam quais são seus agentes e seus destinatários. Por isso, as pessoas, grupos e instituições comprometidas com a prática da DSI devem ter presentes os diferentes aspectos da DSI: informativo, formativo e operativo.

No aspecto **informativo**: Acompanhar os acontecimentos econômicos, sociais e políticos, bem como ler jornais e análises de conjuntura.

No aspecto **formativo**: Estudo sistemático da DSI; consultar comentários, manuais e publicações periódicas de DSI; estudar matérias auxiliares: Economia, Política, Sociologia e História.

No aspecto **operativo**: Utilizar o método Ver, Julgar e Agir; estabelecer diálogo e parceria com outros grupos da sociedade civil organizada; organizar-se em rede com outros agentes sociais.

Por fim, é fundamental uma metodologia na ação:

1) Determinar o que é historicamente viável de ser realizado pelo grupo.

2) Definir as estratégias e as táticas, dando preferência aos métodos não violentos.

3) Pensar globalmente e agir localmente, vinculando ações micro e macrossociais.

4) Articular-se com outras forças sociais que atuam na mesma área.

BLOCO 5

FUNDAMENTOS BÍBLICOS DA DOUTRINA SOCIAL DA IGREJA

Pronto! Já estudamos a DSI sob seus três aspectos: teórico (princípios), histórico (encíclicas sociais) e prático. Agora vamos buscar os fundamentos da DSI, primeiro na Bíblia e depois os ensinamentos dos Padres da Igreja e de Santo Tomás de Aquino.

1) No Antigo Testamento

A DSI tem as suas raízes na vida do povo de Israel no AT, em sua experiência de fé na salvação e na libertação integral da escravidão, descritas antes de mais no Gênesis, no Êxodo, nos profetas e nos Salmos, e depois a experiência da salvação integral expressa na vida de Jesus e nas cartas apostólicas.

No AT Deus revelou-se na história de um povo, que fez uma experiência ímpar da divindade. Enquanto outros povos vizinhos cultuavam "deuses" ligados às forças da natureza (trovão, fecundidade, mar e outros), o povo do AT teve a revelação de um Deus invisível, presente em sua história, que eles chamavam de "Emanuel". Este Deus, que se revelou a Abraão (Gn 12,1-3), manifestou-se de maneira especial na vida do povo escravo no Egito com um gesto histórico libertador decisivo (Ex

3,7-8). Essa manifestação de Deus levou o povo a formular um "Credo histórico" (Dt 6,20-25; 26,5-9), que manifestava sua fé em um Deus libertador histórico.

Leia este texto do Deuteronômio:

"Quando amanhã teu filho te perguntar: 'Que significam estes mandamentos, estas leis e estes decretos que o SENHOR nosso Deus vos prescreveu?' então lhe responderás: 'Nós éramos escravos do faraó no Egito, e o SENHOR nos tirou do Egito com mão poderosa. O SENHOR fez à nossa vista grandes sinais e prodígios terríveis contra o Egito, contra o faraó e contra toda a sua casa. Ele nos tirou de lá para nos conduzir à terra que havia jurado dar a nossos pais. O SENHOR mandou que cumpríssemos todas essas leis e temêssemos o SENHOR nosso Deus, para que fôssemos sempre felizes, e Ele nos conservasse vivos, como o fez até hoje. Seremos justos se guardarmos estes mandamentos e os observarmos diante do SENHOR nosso Deus, como Ele nos ordenou'" (Dt 6,20-25).

A resposta do povo a este Deus presente em sua história veio expressa através da "Aliança", que é um conceito importante no AT. Esta "Aliança" está codificada nas cláusulas do "Decálogo", que são os Dez Mandamentos inscritos nas tábuas da Lei.

Além dos Dez Mandamentos presentes nas tábuas da Lei havia também uma série de mandamentos que se referiam diretamente ao DIREITO DO POBRE.

Veja este outro texto:

"Se houver em teu meio um necessitado entre os irmãos, em alguma de tuas cidades, na terra que o SENHOR teu Deus te dá, não endureças o coração nem feches a mão para o irmão pobre. Ao contrário, abre tua mão e empresta-lhe o bastante para a necessidade que o oprime" (Dt 15,7-8).

Outras instituições religiosas do AT procuravam garantir a justiça social em meio ao povo de Deus. A mais conhecida destas é a legislação sabática, seja o "Ano Sabático" (a cada sete anos) ou o "Ano Jubilar" (no 50º ano), embora nunca realizada, mas permanecendo sempre como um ideal. Essa instituição prescrevia, além do repouso dos campos, a remissão das dívidas e uma libertação geral das pessoas e dos bens: cada um poderia retornar à sua família e retomar posse do seu patrimônio.

Leia o que diz o Compêndio de Doutrina Social da Igreja:

"Esta legislação [sabática] entende deixar assente que o evento salvífico do êxodo e a fidelidade à Aliança representam não somente o princípio fundante da vida social, política e econômica de Israel, mas também o princípio regulador das questões atinentes à pobreza econômica e às injustiças sociais. Trata-se de um princípio invocado para transformar continuamente e a partir de dentro a vida do povo da Aliança, de maneira a torná-la conforme ao desígnio de Deus. Para eliminar as discriminações e desigualdades provocadas pela evolução socioeconômica, a cada sete anos a memória do êxodo e da Aliança é traduzida em termos sociais e jurídicos, de sorte que a questão da propriedade, das dívidas, das prestações de serviço e dos bens seja reconduzida ao seu significado mais profundo" (*Compêndio de Doutrina Social da Igreja* 24).

Outro ensinamento presente no AT refere-se ao "direito do pobre". A justiça não consiste somente em dar ao outro o que lhe pertence: é também dar a quem nada tem, socorrer as necessidades do necessitado, representado no AT pela tríade social: o órfão, a viúva e o estrangeiro (Dt 24,17-21).

Os profetas proclamam sem cessar este direito do pobre. Como administração do direito, ordenada, conscienciosa e não partidária, ela é uma exigência muito séria feita aos responsáveis (Am 5,24; Is 1,17; Jr 22,3). A apaixonada queixa dos profetas constantemente aponta para o fato de que nesse ponto há graves falhas (Is 1,21-23) e que na vida pública, sobretudo nos tribunais, reina a injustiça, ao invés do direito.

Os profetas condenam aqueles que têm riquezas e ainda desfrutam dos outros, aproveitando-se, inclusive, da religião. De fato, o discurso dos profetas se fundamenta no fato de que, se não é respeitado o direito dos pobres, de nada valem as orações, as peregrinações e as assembleias (Am 5,21-25; 8,4-8; Is 1,11-17; Jr 7,3-7).

O acento no direito do pobre e na proteção da tríade social (Ex 22,20-25; Lv 19,9-11) certamente indica um fato social presente em meio ao povo de Israel, que era a injustiça à qual eram submetidos os mais vulneráveis da sociedade judaica. Por isso, Deus se faz seu protetor.

2) No Novo Testamento

A prática de Jesus

Conforme o Evangelho de Lucas (4,16ss.), Jesus inicia seu ministério público colocando-se na mesma linha do AT, vendo se cumprindo em sua pessoa o projeto de Deus para com os pobres. De fato, a prática de Jesus evidencia sua preferência por alguns grupos que eram excluídos da sociedade (doentes, publicanos, mulheres, prostitutas, crianças), e também se identifica com os mais sofredores (Mt 25,31ss.).

Os doentes eram considerados pecadores, pois entendia-se que a doença era causada pelo pecado próprio ou de antepassados. Por sua vez, os leprosos eram banidos do convívio social e seu nome riscado no livro do Templo. Os publicanos eram considerados "pecadores públicos", e nesse grupo estavam os cobradores de impostos e as prostitutas. As mulheres eram consideradas impuras por causa do ciclo menstrual, uma vez que o sangue tornava alguém impuro. Enfim, as crianças antes dos 12 anos de idade não existiam perante a Lei.

Veja neste quadro como Jesus se relacionou com esses grupos:

Pessoas excluídas	Atitude de Jesus
Doentes (especialmente leprosos)	Cura-os, toca-os (Jo 9; Lc 4,38-44; 5,12-16; 7,11-17).
Publicanos (cobradores de impostos)	Convive com eles (Mt 9,10-13; Mc 2,15-22; Lc 5,29-39). Sua presença leva-os à conversão (Lc 19,1-10).
Mulheres (prostitutas)	Conversa com elas (Jo 4,27). Aceita ser tocado por elas (Lc 7,36-50). Elas seguem-no (Lc 8,1-3; Mt 27,55-56). Cura (Lc 8,43-48). Perdoa (Jo 8,1-11).
Crianças	Abraça-as, abençoa-as, propõe-nas como modelos para quem deseja entrar no Reino de Deus (Lc 18,15-17; Mt 19,13ss.; Mc 10,13-16).

A pregação do Reino de Deus

Antes de tudo, é preciso destacar que a pregação do Reino de Deus constitui o centro da pregação de Jesus. É a Boa notícia, o Ευαγγέλιον (Evangelho), em contraposição à pregação de João Batista. Enquanto esse anuncia um juízo iminente e terrível, Jesus traz uma mensagem de salvação universal. E o melhor: **esta salvação está perto**! Ele não somente anuncia uma salvação universal, mas a torna presente em seus gestos, atitudes e opções.

Jesus vive em um contexto no qual **um pequeno grupo** reivindicava somente para si a salvação de Deus. Embora se tenha indícios de uma concepção da universalidade da salvação no AT, esta não era a doutrina compartilhada pelos seus contemporâneos. Os "filhos da luz" se opunham aos "filhos das trevas", sendo que neste último grupo estavam não somente os pagãos, mas também toda uma sorte de pessoas que eram consideradas "impuras" diante da lei. Ora, **Jesus não compartilha dessa mentalidade corrente**. Antes, questiona-a profundamente por sua pregação, atitudes e opções.

Para Jesus, o Reino de Deus é **gratuidade absoluta oferecida a todos**. No entanto, preferencialmente este Reino é dos pobres, dos doentes, dos pecadores, das crianças e outros mais vulneráveis. Em uma palavra: de todos os que eram excluídos. Para estes o Reino é um Ευαγγέλιον, Evangelho, Boa notícia, não para o futuro, mas desde já!

Jesus anuncia o Reino de Deus como próximo, como já chegando, como já agindo imperceptivelmente, misteriosamente ligado à sua pessoa (Mc 2,21; Lc 16,16; Mt 11,12; Lc 7,22; Mt 11,14; Lc 4,18; Mc 1,15; Lc 11,20). Ele não vem ostensivamente (Lc 17,20-21). A cura dos enfermos, o perdão dos pecados, o atendimento aos pobres é sinal da chegada deste Reino (Lc 7,18-23). As parábolas sobre o Reino mostram a compreensão de Jesus (Mt 13).

"Ao lermos as Escrituras fica bem claro que a proposta do Evangelho não consiste só em uma relação pessoal com Deus. E a nossa resposta de amor também não deveria ser entendida como uma mera soma de pequenos gestos pessoais a favor de alguns indivíduos necessitados, o que poderia constituir uma 'caridade por receita', uma série de ações destinadas apenas a tranquilizar a própria consciência. A proposta é o Reino de Deus (cf. Lc 4,43); trata-se de amar a Deus, que reina no mundo" (*Evangelii Gaudium* 180).

As primeiras comunidades cristãs

O Livro dos Atos dos Apóstolos relata-nos o espírito de solidariedade que predominava entre os primeiros cristãos, malgrado os problemas que também se observava nessa comunidade (At 6,1). O retrato que é apresentado da comunidade primitiva é o de uma realidade em que as pessoas repartem seus bens, partilhando-os com os que não têm nada (At 2,42-47; 4,32-35).

A mesma preocupação transparece nos demais escritos do NT. Assim, vemos o Apóstolo Paulo organizando uma coleta em prol da Igreja de Jerusalém (2Cor 8-9), apelando para a solidariedade de todos para com os pobres. Nas cartas católicas temos a centralidade do pobre, como neste trecho da Epístola de Tiago:

"Meus irmãos, a fé que tendes em Nosso Senhor Jesus Cristo glorificado não deve admitir acepção de pessoas. Imaginai o seguinte: Na vossa reunião entram duas pessoas, uma com anel de ouro no dedo e bem-vestida, e outra, pobre, com a roupa surrada. Ao que está bem-vestido, dais atenção, dizendo-lhe: 'Vem sentar-te aqui, à vontade'. Mas ao pobre dizeis: 'Fica aí, de pé', ou 'Senta-te aqui no chão, aos meus pés'. Não será isso um caso de discriminação entre vós? Será que não julgastes com critérios que não convêm? Escutai, meus caríssimos irmãos: não escolheu Deus os pobres aos olhos do mundo para serem ricos na fé e herdeiros do Reino que prometeu aos que o amam? Mas vós desprezais o pobre! Acaso não são os ricos que vos oprimem e vos arrastam aos tribunais?" (Tg 2,1-6).

Podemos concluir este conteúdo do NT com a seguinte afirmação:

"A realização da pessoa humana, atuada em Cristo graças ao dom do Espírito, matura na história e é mediada pelas relações da pessoa com as outras pessoas; relações que, por sua vez, alcançam a sua perfeição graças ao empenho por melhorar o mundo, na justiça e na paz. O agir humano na história é de *per si* significativo e eficaz para a instauração definitiva do Reino, ainda que este continue a ser dom de Deus, plenamente transcendente. Tal agir, quando respeitoso da ordem objetiva da realidade temporal e iluminado pela verdade e pela caridade, torna-se instrumento para uma atuação sempre mais plena e integral da justiça e da paz e antecipa no presente o Reino prometido" (*Compêndio de Doutrina Social da Igreja* 58).

BLOCO 6

FUNDAMENTOS PATRÍSTICO E TOMISTA DA DOUTRINA SOCIAL DA IGREJA

Fundamento patrístico

Entende-se por "patrística" o período que vai do I ao VII século da era cristã, e por "Padres da Igreja" aqueles que estavam mais próximos do evento histórico Jesus Cristo. Alguns destes Padres tiveram contato direto com um dos apóstolos, ou então com discípulos seus.

Os protagonistas da patrística foram bispos, sacerdotes e leigos, inseridos no meio de seu povo, e por isso elaboraram uma reflexão de fé marcadamente pastoral. Assim, não temos na patrística propriamente uma "doutrina social", mas não faltam elementos morais de grande interesse, que influíram notavelmente na posição dos cristãos diante dos bens econômicos.

Do ponto de vista formal, seus escritos são do gênero literário "exortativo". São intervenções dirigidas diretamente à consciência dos cristãos, em ordem a configurar seu comportamento ético-religioso.

Do ponto de vista do conteúdo, a doutrina moral patrística a respeito dos bens temporais pode ser unificada em torno de um núcleo temático importante, que é o reto uso dos bens econômicos. Sua contribuição ética mais importante refere-se à destinação universal dos bens da terra.

Algumas afirmações dos Padres são lapidares, no que diz respeito ao uso dos bens materiais e à destinação universal dos bens da criação:

São Clemente (Papa entre 88-97): "O uso comum de tudo que há neste mundo destinava-se a todos; porém, devido à iniquidade, um disse que isto era seu e outro disse que aquilo era dele, e assim se fez a divisão entre os mortais".

São Basílio (329-379): "O pão que guardas em tua despensa pertence ao faminto, como pertence ao nu o agasalho que escondes em teus armários. O sapato que apodrece em tuas gavetas pertence ao descalço, ao miserável pertence a prata que ocultas".

Santo Ambrósio (340-397): "Não é teu bem que distribuis aos pobres. Devolves a ele apenas a parte do que lhe pertence, porque usurpas para ti sozinho aquilo que foi dado a todos, para o uso de todos. A terra pertence a todos, não apenas aos ricos".

Este ensinamento dos Padres sobre a destinação universal dos bens foi tematizada na Constituição Pastoral *Gaudium et Spes* do Vaticano II (n. 69) e na encíclica de Paulo VI *Populorum Progressio* (n. 22). É um dos princípios basilares da DSI.

Fundamento tomista

A DSI está fundamentada também na teologia de Santo Tomás de Aquino. As questões relativas à vida econômica estão dentro do quadro das virtudes, que é o eixo integrador de sua moral concreta.

A virtude é um hábito que aperfeiçoa o homem para agir bem, e por esse motivo dizemos que encontramos em Santo Tomás um paradigma ético. A justiça pertence às virtudes cardeais e é a principal entre as virtudes morais. Para ele a justiça é o vértice do mundo ético.

A moral socioeconômica tomista está exposta no tratado *De Iustitia* (*ST II-II*, q. 58), cujas fontes são o livro V da *Ética a Nicômaco* (Aristóteles), a tradição bíblico-patrística e o Direito Romano, sendo que muitas das afirmações da Doutrina Social encontram aqui sua fundamentação.

Leão XIII reintroduziu esse paradigma ético-tomista através de suas encíclicas, entre 1878 e 1891, quando ele incentivou um renascimento do tomismo, fundando centros de estudo tomistas em toda a Europa. O objetivo desse renascimento foi redefinir o papel da Igreja no mundo moderno. Isso aconteceu por meio de algumas encíclicas escritas em seu magistério (ANDRADE, 2010):

- *Aeterni Patris* (1879), que redefine o programa cultural, aceitando-se um realismo moderado e o neotomismo como alternativa ao racionalismo radical representado pelo positivismo, pelo cientificismo e pelo marxismo.

- *Diuturnum illud* (1881), sobre a natureza do poder político; *Imortale Dei* (1885), sobre a teoria cristã do Estado; *Libertas* (1888), sobre a natureza da liberdade humana; *Sapientiae Christianae* (1890), sobre a missão do Estado. Estas quatro encíclicas redefinem o programa político da Igreja.

- *Rerum Novarum* (1891), que se coloca diante da questão operária e das questões do mundo do trabalho, redefinindo o programa econômico e social.

Enfim, o pensamento de Santo Tomás é muito importante para fundamentar a Doutrina Social da Igreja.

Questões para autoavaliação

Esta unidade teve como objetivo introduzi-lo no estudo da Doutrina Social da Igreja, estudando seu conceito, origem e fundamentos.

Responda às questões abaixo para fixar o conteúdo apresentado.

1) Discuta as definições "Ensinamento Social da Igreja", "Pensamento Social Cristão" e "Doutrina Social da Igreja". Qual o alcance destas definições? Dentro de nossa sociedade pluralista e pouco dogmática, qual destas nomenclaturas seria melhor aceita?

2) Dentre os princípios permanentes da Doutrina Social da Igreja, qual (ou quais) você acha mais relevante para nossos tempos? Por quê?

3) Em que a experiência do povo de Israel no AT pode inspirar nossa prática social?

4) Comente a seguinte afirmação do *Documento de Aparecida*, tendo presente a pregação e a mensagem de Jesus:

"A opção pelos pobres está implícita na fé cristológica e deve perpassar transversalmente nossas estruturas e prioridades pastorais" (n. 392, 396).

Texto para aprofundamento

CONGREGAÇÃO PARA EDUCAÇÃO CATÓLICA. *Orientações para o estudo e o ensino da Doutrina Social da Igreja na formação sacerdotal*. Petrópolis: Vozes, 1989 [Documentos Pontifícios, 229].

Evolução da Doutrina Social

11. Como já se disse, a Doutrina Social da Igreja, em virtude do seu caráter de mediação entre o Evangelho e a realidade concreta do homem e da sociedade, tem necessidade de ser continuamente *agiornada* e conforme às novas situações do mundo e da história. De fato, no decurso dos decênios conheceu uma notável evolução. O objetivo inicial desta doutrina foi assim chamada "questão social", ou seja, o conjunto dos problemas socioeconômicos surgidos em determinadas áreas do mundo europeu e americano a seguir à "Revolução Industrial". Hoje a "Questão Social" não está já limitada a áreas geográficas particulares, mas tem uma dimensão mundial e abraça muitos aspectos mesmo políticos conexos com relação entre as classes e a transformação da sociedade já realizada e ainda em curso. De qualquer modo, "questão social" e "doutrina social" permanecem termos correlativos. O que é importante sublinhar no desenvolvimento da doutrina social é que ela, embora sendo um *corpus* doutrinal de grande coerência, não se reduziu a um sistema fechado, mas mostrou-se atenta ao evoluir das situações e capaz de responder adequadamente aos novos problemas ou ao novo modo de os impostar. Isto resulta de um exame objetivo dos documentos dos sucessivos pontífices – de Leão XIII a João Paulo II – e torna-se ainda mais evidente a partir do Concílio Vaticano II.

Continuidade e desenvolvimento

12. As diferenças de enquadramento, de procedimento metodológico e de estilo que se notam nos diversos documentos não comprometem todavia a identidade substancial e a unidade da Doutrina Social da Igreja. Por isso, justamente se usa o termo continuidade para exprimir a relação dos documentos entre si, embora cada um responda dum modo específico aos problemas do próprio tempo. Para citar um exemplo, os "pobres", de que tratam alguns documentos mais recentes, não são dos "proletários" a que se referia Leão XIII na Encíclica *Rerum Novarun*, ou os "desempregados" que estavam no centro da atenção de Pio XI na Encíclica *Quadragesimo Anno*. Hoje o seu número é imensamente maior e dele fazem parte todos aqueles que na sociedade do bem-estar são excluídos da fruição dos bens da terra, com liberdade, dignidade e seguran-

ça. O problema é tanto mais grave quanto, em algumas partes da terra e especialmente no Terceiro Mundo, ele se tornou sistemático e quase institucionalizado. Além disso, o problema não diz respeito só às diferenças injustas entre as classes sociais, mas também aos enormes desequilíbrios entre as nações ricas e as nações pobres.

A tarefa e o direito de ensinar

13. A Igreja perante a comunidade política, no respeito e na afirmação da autonomia recíproca no campo próprio, dado que ambas estão a serviço da vocação individual e social das pessoas humanas, afirma a competência própria e o direito de ensinar a doutrina social em ordem ao bem e à salvação dos homens; e para esse fim utiliza todos os meios que pode ter à disposição, segundo a diversidade das situações e dos tempos. Considerando o homem "na plena verdade da sua existência, do seu ser pessoal e ao mesmo tempo do seu ser comunitário e social", a Igreja é bem consciente de que o destino da humanidade está ligado num modo estrito e indiscutível a Cristo. Ela está convencida da necessidade insubstituível do auxílio que Ele oferece ao homem, e por isso não pode abandoná-lo. Como a este respeito se exprimiu João Paulo II, a Igreja participa intimamente nos acontecimentos da humanidade inteira, fazendo do homem a estrada primeira e fundamental na realização da sua missão, "via que imutavelmente passa através do Mistério da Encarnação e da Redenção". Desse modo ela continua a missão redentora de Cristo, obedecendo ao seu mandato de pregar o Evangelho a todos os povos e de servir a todos os que estão em estado de necessidade, quer como indivíduos, quer como grupos e classes sociais, e que sentem vivamente a necessidade de transformações e reformas para melhorar as condições de vida.

Fiel à sua missão espiritual, a Igreja afronta tais problemas sob o aspecto moral e pastoral que lhe é próprio. Na Encíclica *Sollicitudo Rei Socialis* João Paulo II acena explicitamente a tal aspecto, ao referir-se aos problemas do desenvolvimento, afirmando que ele faz parte da missão da Igreja. Ela, portanto, "não pode ser acusada de ultrapassar o seu campo específico de competência e, muito menos, o mandato do Senhor". Para além do âmbito dos seus fiéis, a Igreja oferece a sua doutrina social a todos os homens de boa vontade, afirmando que os seus princípios fundamentais são "postulados da reta razão" iluminada e aperfeiçoada pelo Evangelho.

Referências utilizadas na Unidade 1

ANDRADE, P.F.C. "Igreja e democracia". In: LESBAUPIN, I. & PINHEIRO, J.E. (orgs.). *Democracia, Igreja e cidadania*: desafios atuais. São Paulo: Paulinas, 2010, p. 171-210 [Coleção Cidadania].

BIGO, P. *A Doutrina Social da Igreja*. São Paulo: Loyola, 1969 [Trad. por uma equipe de professores da PUC-Rio].

BENTO XVI. *Caritas in Veritate* – Sobre o desenvolvimento humano integral na caridade e na verdade. São Paulo: Paulinas, 2009.

_____. *Deus Caritas Est* – Sobre o amor cristão. 2. ed. São Paulo: Paulinas, 2006.

BRAVO, R.S. *Ciencias sociales y Doctrina Social de la Iglesia* – Tratado de Teología Social. Madri: CCS, 1996 [Colección Claves Cristianas, 6].

DUBET, F. *Repensar la justicia social* – Contra el mito de la igualdad de oportunidades. Argentina: Siglo Veintiuno, 2011.

CONGREGAÇÃO PARA EDUCAÇÃO CATÓLICA. *Orientações para o estudo e o ensino da Doutrina Social da Igreja na formação sacerdotal*. Petrópolis: Vozes, 1989 [Documentos Pontifícios, 229].

FRANCISCO. *Exortação Apostólica* Evangelii Gaudium: a alegria do Evangelho – Sobre o anúncio do Evangelho no mundo atual. São Paulo: Paulus/Loyola, 2013.

JOÃO PAULO II. Carta Encíclica *Centesimus Annus*. São Paulo: Loyola, 1991.

_____. *Carta Encíclica* Sollicitudo Rei Socialis. Petrópolis: Vozes, 1988 [Documentos Pontifícios, 218].

JOÃO XXIII. *Carta Encíclica* Mater et Magistra. 13. ed. São Paulo: Paulinas, 2010.

_____. Carta Encíclica *Pacem in Terris*. 4. ed. São Paulo: Paulinas, 2000.

LANGLOIS, J.M.I. *Doutrina Social da Igreja*. Lisboa: Rei dos Livros, 1989 [Trad. de Maria da Graça de Mariz Rozeira].

PAULO VI. *Carta Apostólica* Octogesima Adveniens. 2. ed. São Paulo: Paulinas, 1992.

PIO XII. "Con sempre – Radiomensagem de Natal de 1942: sobre as normas fundamentais da ordem interna dos estados e dos povos" [Trad. poliglota vaticana]. In: COSTA, L. (org.). *Documentos de Pio XII* (1939-1958). São Paulo: Paulus, 1998, p. 116-139 [Documentos da Igreja, 7].

PONTIFÍCIA COMISSÃO JUSTIÇA E PAZ. *Compêndio de Doutrina Social da Igreja*. São Paulo: Paulinas, 2005.

SÍNODO DOS BISPOS. *A justiça no mundo*. Roma: Typis Polyglottis Vaticanis, 1971.

Unidade 2

Princípios ético-teológicos: justiça, caridade, bem comum e solidariedade

Introdução

Nesta unidade serão apresentados alguns conceitos ético-teológicos fundamentais para a DSI, sendo que alguns já foram introduzidos na Unidade 1 em sua dimensão ético-filosófica, quando falou-se dos princípios permanentes da Doutrina Social.

No **Bloco 1** estudaremos o conceito de "justiça" em sua dimensão bíblico-patrística e depois o conceito tomista, que predominou na DSI.

No **Bloco 2** será estudado o conceito de "caridade", tão central no cristianismo e sinal distintivo dos discípulos de Jesus.

O **Bloco 3** apresentará um conceito ético-político fundamental, que é o de "bem comum".

O **Bloco 4**, por fim, trará indicações sobre um princípio ético atual, que é o da "solidariedade".

Para cada um destes princípios será indicado em um *box* o comentário feito pelo *Compêndio de Doutrina Social da Igreja*.

Aproveite! Bom estudo!

BLOCO 1

JUSTIÇA

Na Unidade 1 já estudamos esse conceito em sua dimensão ético-filosófica. Neste bloco queremos olhar sua dimensão bíblico-teológica.

A Doutrina Social da Igreja evidencia duas verdades, estreitamente complementares na ordem social: a caridade implica a justiça, porque esta não está destinada a substituí-la, acobertando a injustiça, mas quer levá-la à plenitude; de outro lado, a justiça sem a caridade é insuficiente.

Houve ocasiões em que a justiça foi vista e apresentada como um caminho paralelo, uma alternativa ou então uma possibilidade da caridade, algo voluntarista, que se poderia assumir ou não. A Doutrina Social da Igreja acentua que a justiça é um componente intrínseco da caridade, é sua "medida mínima" (CV 6), e o empenho por ela é conteúdo essencial da fé cristã (Sínodo dos Bispos de 1971, 6).

Em geral, a definição de justiça está restrita ao Direito, com ênfase nos direitos individuais, com forte influência da concepção aristotélica, retomada por Santo Tomás de Aquino a partir dos diversos tipos de justiça, como já vimos na Unidade 1. Por isso, faz-se mister resgatar sua dimensão teológica, à luz da Bíblia, pois na tradição judaico-cristã a justiça se baseia no direito daquele que não tem nada.

A Sagrada Escritura utiliza, no Antigo Testamento, a palavra משפט (*mishpat*, direito) para designar a ordem justa da sociedade, em sentido objetivo, que nem sempre é respeitada na vida real, vindo por isso sempre acompanhada da palavra ערקה (*s^{e}dáqâ*, justiça), que é a obrigação moral do direito em sentido subjetivo, interno, que torna possível viver a fundo o primeiro (SICRE, 1990, p. 600). Assim, a "justiça" obriga moralmente a se preocupar com os mais pobres dentre o povo, representados pela tríade: a viúva, o órfão e o estrangeiro, para que haja o direito na sociedade. É nesse sentido que ela será abordada.

Deus se revela no Antigo Testamento como aquele que viu a miséria de seu povo e ouviu o seu clamor, descendo para libertá-lo (Ex 3,7-8) e, por isso, essa experiência libertadora se constituiu o centro da fé do povo de Israel (Dt 26,5-9), e o paradigma da pregação dos profetas, que tentam reorientar a vida do povo em direção à justiça, pois, para conhecer a Deus, é necessário praticá-la.

A mensagem de Jesus seguiu essa linha profética (SICRE, 1990, p. 622). Podem-se notar as seguintes semelhanças: demonstra sensibilidade pelo tema da desigualdade (Lc 16,19-31; Mt 25,31ss.), põe-se do lado dos mais fracos e excluídos da sociedade, condena de forma taxativa a riqueza como grande rival de Deus, pois ela sufoca a mensagem do Evangelho (Mt 6,24; 13,22).

Buscar em primeiro lugar o reino e a sua justiça tornou-se um imperativo para os discípulos de Jesus (Mt 6,33). O Novo Testamento acentua que não se pode amar verdadeiramente a Deus se não se vê a necessidade do outro (1Jo 5,20), pois a fé sem obras de justiça para com os necessitados é morta em si mesma (Tg 2,14-18).

Esse paradigma bíblico de justiça continua na pregação dos Padres da Igreja, que acentuam o direito do pobre e entendem a justiça como algo que lhes é devido. De um lado, eles condenam com veemência a "usura", como uma verdadeira praga social. De outro, pregam a justiça social, baseados na "destinação universal dos bens da criação", que comporta exigências morais importantes a serem traduzidas na vida cotidiana.

A pregação sobre a universalidade dos bens da criação torna-se emblemática e será retomada séculos mais tarde pela Doutrina Social da Igreja. Assim se expressava Santo Ambrósio:

"Por que rejeitais a quem participa de vossa natureza e reivindicais a posse desta mesma natureza? A terra foi feita para todos em comum, ricos e pobres. [...] Porque o Senhor Deus quis que essa terra fosse propriedade comum de todos os homens e a todos oferecesse seus produtos, mas a avareza repartiu os direitos de posse".

O paradigma de justiça bíblico-patrística, que se baseia na não posse e no direito do pobre, foi rompido na escolástica com Santo Tomás de Aquino, quando partiu do conceito aristotélico de "justiça" no livro V da *Ética a Nicômaco*. O tema da justiça foi colocado no quadro das virtudes, no tratado *Da iustitia*, questões 58 a 122 da II parte da *Summa*

Theologica. Na tentativa de harmonizar racionalmente a tradição bíblico-patrística do direito do pobre com o direito de propriedade, este último ganhou proeminência, embora dentro de certas limitações apresentadas na *Summa*. Quanto ao direito do pobre, que consta na tradição bíblica, foi praticamente esquecido na tradição posterior a Santo Tomás.

O paradigma bíblico-patrístico começou a reaparecer no quadro teológico a partir da década de 1950 com a *Nouvelle Theologie*, que tinha como um de seus objetivos o retorno às fontes, com a retomada dos estudos patrísticos. Com a reflexão da Teologia da Libertação, na América Latina, esse paradigma bíblico de justiça foi retomado como uma diretiva para a ação dos cristãos em favor dos oprimidos.

Na Doutrina Social da Igreja, o empenho pela justiça tem um sentido estrutural, isto é, a construção de estruturas sociais novas, próximas às exigências éticas do Reino de Deus, verdade tão insistentemente afirmada na Conferência de *Medellín*, a partir da constatação de uma situação de "injustiça institucionalizada". Outra indicação muito significativa veio do Sínodo dos Bispos de 1971, no qual se afirmava:

> "A ação pela justiça e a participação na transformação do mundo aparecem-nos claramente como uma dimensão constitutiva da pregação do Evangelho, que o mesmo é dizer, da missão da Igreja, em prol da redenção e da libertação do gênero humano de todas as situações opressivas" (Sínodo dos Bispos 6).

A ação libertadora da Igreja no mundo tem como foco a instauração da justiça, efetivando assim o amor ao outro, único mandamento deixado por Jesus, sendo que o amor cristão necessariamente passa através da luta pela justiça, embora não se esgote nela. Tendo a Doutrina Social da Igreja uma finalidade eminentemente prática, como acentuam os documentos eclesiais, dever-se-ia educar os cristãos para a ação em prol da justiça, como aliás pediu o mesmo Sínodo dos Bispos de 1971 (cf. n. 39-54).

Por fim, é importante salientar que essa ação em prol da justiça não é somente ética, mas, à luz da fé, torna-se *locus theologicus*, um lugar teológico, uma vez que contribui para o crescimento do Reino presente escondido e de forma parcial, desde já, na história humana: reino de verdade e de vida, reino de santidade e de graça, reino de justiça, de amor e de paz.

Relembremos o conceito já estudado de "Justiça social":

"O Magistério social evoca a respeito das formas clássicas da justiça: a *comutativa*, a *distributiva*, a *legal*. Um relevo cada vez maior no Magistério tem adquirido a justiça social, que representa um verdadeiro e próprio desenvolvimento da *justiça geral*, reguladora das relações sociais com base no critério da observância da *lei*. A *justiça social*, exigência conexa com a *questão social*, que hoje se manifesta em uma dimensão mundial, diz respeito aos aspectos sociais, políticos e econômicos e, sobretudo, à dimensão estrutural dos problemas e das respectivas soluções" (*Compêndio de Doutrina Social da Igreja* 201).

BLOCO 2

A CARIDADE

Na Unidade 1 já vimos alguma coisa sobre o "amor social" e a "caridade social" em uma dimensão ética. Agora queremos olhar esse conceito em uma perspectiva evangélica.

No centro da vida cristã está a contemplação do rosto do Senhor a partir dos pobres e o empenho em favor do Reino de Deus contra toda forma de idolatria do poder. Por isso, a especificidade do comportamento cristão não está propriamente em seu conteúdo, pois todo cristão deve fazer o que fazem todos os homens de bem, mas na referência a Jesus de Nazaré. Dessa maneira, a mensagem e a prática de Jesus são vinculantes para o cristão, no sentido de contemplar não tanto quem é Jesus, mas sim o que fez e o que ordenou que fosse feito pelos seus discípulos.

Jesus opõe à concepção de divindade como *poder* presente naquele tempo, outra divindade, como *amor*, o que não significa que o amor é apolítico. Exatamente por ser um amor situado em um mundo muitas vezes injusto, o amor se desenvolve confrontando-se, necessariamente, com o poder opressor. Por isso, o amor de Jesus não é idealista, mas é político, no sentido de que quer ser também efetivo em uma situação determinada, para mudar o que precisa e pode ser transformado.

O amor de Jesus pelos excluídos se manifesta estando com eles, dando-lhes aquilo que lhes poderia devolver sua dignidade e humanizá-los. Por outro lado, seu amor pelos opressores se manifestava estando contra eles, com a intenção de lhes tirar aquilo que os desumaniza. E, nesse sentido, o amor de Jesus é político, por estar situado; é anúncio e esperança, denúncia e anátema. Foi essa concepção de amor político que o levou à cruz (SOBRINO, 1984, p. 71).

Partindo de sua vida, que foi sempre doação incondicional pelo Reino, Jesus quis deixar um sinal distintivo para os seus seguidores. Sendo assim, resumiu toda a Lei em um único mandamento, a *agape*, que seria então o diferencial para seus discípulos (Jo 15,12-14). Esse "novo mandamento" caracterizaria a vida cristã e seria o sinal pelo qual seus seguidores seriam reconhecidos. Isso é muito importante, de tal modo que a Igreja não pode descuidar-se desse serviço, assim como não pode negligenciar os sacramentos nem a Palavra, como afirma o Papa emérito Bento XVI (DCE 22 e 33).

O Papa Paulo VI na *Evangelii Nuntiandi* faz referência a essa sobredeterminação cristã, apontando laços eminentemente evangélicos a partir do grande mandamento de Jesus, para fundamentar a relação entre evangelização e promoção humana:

> "Laços daquela ordem eminentemente evangélica, qual é a ordem da caridade: Como se poderia, realmente, proclamar o mandamento novo sem promover na justiça e na paz o verdadeiro e o autêntico progresso do homem?" (*Evangelii Nuntiandi* 31).

Mais recentemente o Papa Francisco destacou que no centro do kerigma cristão está a caridade, que tem uma repercussão moral imediata. O serviço da caridade é um compromisso constitutivo da missão da Igreja que se desdobra em uma caridade efetiva que compreende, assiste e promove (EG 177-179).

A palavra "caridade", entendida como "amor", traduz a expressão grega *agape*, associada na tradição latina a *carus* (= caro, importante, estimado), que, por sua vez, se relaciona ao vocábulo grego *charis*, graça, dom. Outras duas expressões são utilizadas na língua grega para significar o amor: *eros* e *filia*, significando o amor sensitivo e de amizade, respectivamente. A novidade que se expressa no Novo Testamento, significativa para a fé cristã, é a marginalização dessas expressões e a utilização da palavra *agape*, para significar o amor cristão, de modo que a Eucaristia é chamada pelo mesmo nome, como ensinou o papa emérito Bento XVI (DCE 3 e 14).

No ensinamento de Santo Tomás, o tratado *De Caritate* está colocado dentro da teologia moral, no quadro das virtudes teologais, depois de serem tratadas as virtudes da fé e da esperança. Tomás de Aquino compreende a caridade dentro do quadro aristotélico da amizade, definindo-a como a amizade entre Deus e o homem, fundada na comunicação da felicidade eterna (ST II-II, Q. 23, a. 1). Essa comunicação não se faz por dons naturais, mas gratuitamente. A caridade excede a capacidade da natureza e, portanto, não pode ser adquirida pelas potências naturais, ou seja, somente pela boa vontade. Donde se segue que ela não pode existir em nós naturalmente, nem ser adquirida pelo esforço, mas por infusão do Espírito Santo, cuja participação em nós é a caridade incriada. Deus é o objeto principal da caridade, e o próximo é amado através dela por causa de Deus.

Para a vida cristã, a caridade é compromisso de fé. Ao longo dos séculos a fé foi se reduzindo à profissão de um conteúdo ortodoxo, e sua "prática" tomou contornos litúrgicos e jurídicos. Assim, ser uma pessoa de fé implicava professar um conjunto de verdades e praticar o culto correspondente. Dessa maneira, sua dimensão de experiência foi diminuída, bem como sua incidência na vida concreta também o foi. As consequências desse empobrecimento se fizeram sentir no terreno da caridade, que passou a ser compreendida como "sentimento", ou então como obras episódicas e extraordinárias.

Dessa maneira, contrariamente ao ensino clássico, a caridade foi se tornando sinônimo de esmola, desvinculada da prática da justiça. Essa mentalidade se prolongou na prática eclesial e inspirou as "obras assistenciais", que procuravam mitigar os efeitos maléficos deixados pela injustiça estrutural. Isso levou à acusação, especialmente da parte do marxismo, no bojo da Revolução Industrial, de que a caridade cristã era um meio de manutenção do *status quo*, sem nenhuma incidência sociotransformadora.

Olhando por uma perspectiva histórico-sociológica, podemos delinear um percurso do conceito da caridade que vai de um paradigma assistencialista, que é chamado "vicentinismo", em referência ao trabalho da Sociedade São Vicente de Paulo, passando pelo "corporativismo" e "circulismo" das décadas de 1920 a 1950, até uma dimensão libertadora nas décadas de 1960 a 1980. Assiste-se agora a um retorno ao paradigma assistencial, expresso por uma vivência apolítica da caridade, através das grandes campanhas patrocinadas pela mídia, com participação de artistas televisivos e de outras pessoas de destaque no cenário social e eclesial (SOUZA, 2007, p. 131-160).

Um grande desafio pastoral é, por isso, recuperar a dimensão política da caridade. Dessa maneira, estaremos voltando à senda indicada pelo Senhor e trilhada pelas primeiras comunidades cristãs, porque a *agape* é uma exigência evangélica, um mandamento deixado pelo Mestre a seus discípulos (cf. Jo 15,12.17). Em vista disso, resgatar a dimensão macropolítica da caridade, acentuando sua necessária ligação com a prática da justiça social e a transformação das estruturas injustas, configura-se certamente como o grande desafio pastoral de nosso tempo e um dos pontos de intersecção entre a fé e a política, colocando a caridade como princípio articulador do compromisso político.

Na Doutrina Social da Igreja a Conferência de Medellín já afirmara que o trabalho educativo da Igreja deve ser "com vistas a que os cristãos considerem sua participação na vida política da nação como um dever de consciência e como o exercício da caridade em seu sentido mais nobre e eficaz para a vida da comunidade" (*Medellín* 2). Vemos aqui um reflexo do ensinamento conciliar, particularmente da Constituição Pastoral *Gaudium et Spes* e do Decreto *Apostolicam Actuositatem*, urgindo o dever do cristão de participar ativamente da vida política, articulado com o princípio da caridade, afirmação importante para o magistério eclesial.

A mesma ênfase do discurso sobre a caridade aparece em outros documentos sociais da Igreja, particularmente no ensinamento de João Paulo II, consignado na Carta Apostólica *Novo Millenio Ineunte*, exortando a uma "fantasia da caridade" para responder aos desafios criados pelas novas formas de pobreza (n. 50).

O papa emérito Bento XVI utilizou a "caridade" como princípio hermenêutico para seu magistério social. A caridade é apresentada como uma força que impele os cristãos a se empenharem na causa da justiça e da paz, sendo que tal caridade tem sua origem em Deus, sendo a mesma apresentada como a via mestra do compromisso social cristão (CV 2). Resgata-se, assim, a dimensão política da caridade, que fora acentuada por Pio XI sob o nome de "caridade social", conforme já estudamos na Unidade 1.

Nesse sentido, é importante o título da encíclica de Bento XVI, que relaciona "caridade" e "verdade". A verdade se expressa na fé pessoal e comunitária no Deus bíblico, que estabeleceu um diálogo com seu povo, ouviu seus clamores e desceu para libertá-los (Ex 3,7-8). Se a caridade não é exercitada à luz dessa verdade, ela se torna uma "reserva de bons sentimentos" (CV 4), sem nenhuma incidência prático-política.

"Entre as virtudes no seu conjunto e, em particular, entre virtudes, valores sociais e caridade, subsiste um profundo liame, que deve ser cada vez mais acuradamente reconhecido. A caridade, não raro confinada ao âmbito das relações de proximidade, ou limitada aos aspectos somente subjetivos do agir para o outro, deve ser reconsiderada no seu autêntico valor de *critério supremo e universal de toda a ética social*. Dentre todos os caminhos, mesmo os procurados e percorridos para enfrentar as formas sempre novas da atual *questão social*, o mais excelente de todos (1Cor 12,31) é *a via traçada pela caridade"* (*Compêndio de Doutrina Social da Igreja* 204).

BLOCO 3

O BEM COMUM

Outro conceito ético-teológico importante é o de *bem comum*, do qual muito se fala, mas poucos conhecem seu significado.

Entre os gregos, na Antiguidade, o ponto de partida era a coletividade. O bem comum era visto como algo em que o bem individual encontrava o seu cumprimento, pois era divino buscar o bem da cidade. O modelo de sociedade era na amizade cívica.

Em Aristóteles não aparece o termo "bem comum", que é medieval, mas a ideia equivalente de que a pólis se forma em vista da boa vida do todo social. Qualquer arte ou procura, como também toda ação e opção, é feita em vista de um *fim* que parece bom ou desejável, de modo que o fim e o bem coincidem. Existe um fim supremo, um fim que é desejado em si mesmo, e não como meio ou condição para um outro fim. Esse será o *fim supremo* do qual todos os outros dependem. E esse fim é a *eudaimonia*, a felicidade.

A vida boa e feliz, se bem que seja a possessão de um indivíduo, somente pode se dar em uma sociedade bem-governada. Buscar o bem da cidade ou do povo era considerado por Aristóteles como a melhor atividade, muito mais do que procurar somente o bem individual. O objetivo da política e a vocação do homem político, era, portanto, o de promover o bem da cidade.

O desejo racional do cidadão era de fazer parte de uma cidade bem-governada em vista do bem de todos, porque nessa o bem próprio e o comum coincidem. Ser membro de uma sociedade assim já era um bem. Esse somente podia se dar na comunidade. Assim, o modelo de semelhante bem possuído em comum era a *amizade*. *Cidadania* e *amizade* se assemelhavam.

A tradição cristã faz uma ruptura com a tradição clássica aristotélica. Santo Agostinho desafia a supremacia da pólis grega, como o domínio que preenche o ser humano, e apresenta a *Cidade de Deus*, que se contrapõe à *Cidade dos homens*. Por sua vez, Santo Tomás de Aquino coloca o bem em Deus, que é o Bem para todo o universo.

Tomás julga o bem comum muito importante, de tal forma que se torna o objetivo de qualquer lei. É esse princípio que distingue o "tirano" e o "rei": enquanto o primeiro busca somente seus próprios interesses, o segundo se guia pelo bem de todos.

Se bem que Santo Tomás assuma a filosofia aristotélica no que se refere à política, faz-lhe algumas correções:

a) Ciência suprema: não é a política, mas a teologia.

b) A comunidade política não é o fim último.

c) O bem comum diz respeito primeiro à pessoa que ao Estado. Acima do bem comum está o divino; por isso as leis humanas não podem legislar nem contra um nem contra outro.

Na doutrina social pontifícia esse princípio é entendido a partir de dois vieses, complementares entre si. De um lado, esse conceito tem uma conotação personalista, enfatizando o conjunto de condições sociais que favorecem o pleno desenvolvimento da pessoa, tal como apareceu no magistério de Pio XII (*Con Sempre* – Radiomensagem de Natal de 1942, 12) e foi retomado na *Mater et Magistra* por João XXIII (n. 65), onde vem inclusive concretizado em uma série de iniciativas socioeconômicas (n. 79). Essa mesma definição de Pio XII é assumida na *Gaudium et Spes*:

> "Quanto ao bem comum, ele compreende o conjunto das condições de vida social que permitem aos indivíduos, famílias e associações alcançar mais plena e facilmente a própria perfeição" (*Gaudium et Spes* 26).

Por outro lado, esse conceito de bem comum vem ligado à questão atual dos Direitos Humanos, tal qual aparece na *Pacem in Terris* (n. 75-79) e na *Centesimus Annus* (n. 47):

> Direitos econômicos e sociais: estradas, transportes, comunicações, água potável, moradia, assistência de saúde, condições idôneas para a vida religiosa e ambiente para o espairecimento do espírito, seguridade social, trabalho com remuneração adequada, participação na empresa.
>
> Direitos políticos e civis: direito à vida e a viver em família; facilitar a constituição de organismos intermediários, que tornem mais orgânica e fecunda a vida social; participar nos bens da cultura de maneira proporcional às suas condições.

Bento XVI introduz outro aspecto ao relacioná-lo com a caridade. Assim, o bem comum passa de um conceito ético-social, que vinha na tradição da DSI, para uma dimensão teológica, pois ele se torna realização concreta da caridade, já que é resultado de um amor que procura dar respostas às necessidades reais do próximo (CV 6-7).

Uma contribuição importante veio da Conferência Episcopal da Inglaterra e do País de Gales, definindo o bem comum como "a obrigação de cada indivíduo de contribuir para o bem da sociedade, no interesse da justiça e na perspectiva da opção pelos pobres", colocando ainda a questão de um bem comum global e ambiental (p. 73). Essa definição é pertinente e relevante para a Igreja da América Latina, pois engloba a justiça como determinante e os pobres como perspectiva, além de se abrir para a questão ecológica.

O Papa Francisco, por sua vez, relaciona o bem comum com a paz social (EG 217-237). Afirma o pontífice que não haverá paz social enquanto não se eliminarem a exclusão e a desigualdade, que são as causas da violência que assistimos na sociedade local, nacional ou mundial (EG 59). Assim como no magistério de João XXIII, ele aponta a concretização do bem comum nas reivindicações sociais que têm a ver com a distribuição de renda, a inclusão social dos pobres e os Direitos Humanos (EG 218).

Veja este conceito:

"O bem comum não consiste na simples soma dos bens particulares de cada sujeito do corpo social. Sendo de todos e de cada um, é e permanece comum, porque indivisível e porque somente juntos é possível alcançá-lo, aumentá-lo e conservá-lo, também em vista do futuro. Assim como o agir moral do indivíduo se realiza fazendo o bem, assim o agir social alcança a plenitude realizando o bem comum. O bem comum pode ser entendido como a dimensão social e comunitária do bem moral" (*Compêndio de Doutrina Social da Igreja* 164).

O fato é que o bem comum pode se mostrar incompleto, pois se não integra devidamente a dimensão da justiça em sua realização concreta, acaba se tornando um "consenso" social, que busca harmonizar o conflito causado pelo modelo econômico excludente, evidenciando-se como elemento mantenedor do *status quo*.

BLOCO 4

A SOLIDARIEDADE

Esse é um princípio muito importante, que já vimos em parte na Unidade 1. Etimologicamente a palavra "solidariedade" vem do latim *solidum* e seu uso inicial foi forense, designando uma dívida comum que deveria ser liquidada por todos.

Esse princípio não é novo na Doutrina Social da Igreja. Em seu sentido de fé, reporta ao grande mandamento de "perder-se" pelo outro, de "servi-lo", ao invés de oprimi-lo (SRS 38). Em diversas ocasiões, o Magistério Social da Igreja utilizou esse princípio para se pronunciar sobre as realidades temporais. Apresentamos algumas referências muito gerais:

1) Na *Quadragesimo Anno*, em 1929, Pio XI alertava que a economia deveria se fundamentar sobre o princípio da solidariedade, e não da concorrência desenfreada (n. 87).

2) Pio XII na sua *Radiomensagem de Natal* de 1952 (n. 12-16) chamava a atenção para a necessidade de uma solidariedade universal que superasse e derrubasse o egoísmo.

3) João XXIII, na *Mater et Magistra*, em 1961 convidou patrões e operários a regularem suas relações segundo o princípio da solidariedade (n. 26). O mesmo princípio deveria conduzir as relações dos países desenvolvidos com os países subdesenvolvidos (n. 165-167).

4) Paulo VI, na *Populorum Progressio* (II Parte), apresenta a necessidade de um desenvolvimento solidário.

5) A *Gaudium et Spes* parte do princípio de que a Igreja é solidária com o gênero humano (n. 1). Fala depois do conceito de interdependência (n. 25) para chegar ao princípio da solidariedade, que deve superar os limites de uma ética individualista (n. 30).

6) João Paulo II, na *Laborem Exercens*, desenvolve a necessidade de uma solidariedade entre os trabalhadores, a fim de que se criem estruturas de trabalho mais justas (n. 8). Mas é sobretudo na *Sollicitudo Rei Socialis* que ele desenvolve esse princípio no quadro da realidade em que vivia, como um caminho que vai da interdependência ao

grande mandamento da caridade, sendo a solidariedade um momento ético desse percurso (SRS 38-40).

Podemos representar isto da seguinte maneira:

Figura 4

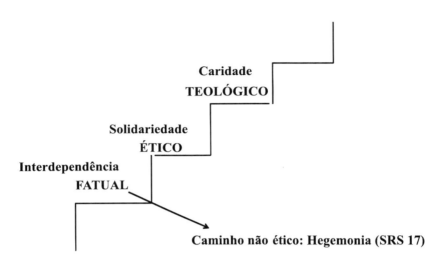

Explicando

O conceito de solidariedade parte da constatação de que há uma "interdependência" entre os países, de tal forma que cada um precisa de todos. Isto é um fato positivo. No entanto, esta interdependência pode tomar uma direção antiética se é transformado em "hegemonia", isto é, se o país mais forte quer se impor sobre o mais fraco.

Seguindo o percurso, saímos do nível *fatual* e ascendemos a outro nível, que é o *ético*. É nesse nível que vivemos a virtude moral da *solidariedade* e que é acessível a todos, crentes e não crentes.

Continuando o percurso, chega-se a outro nível, acessível somente pela fé, que é o *teológico*. Aí encontramos a virtude teologal da caridade, que leva-nos a amar a Deus, e ao próximo por causa de Deus. Assim, o cristão tem algo mais elevado em sua vivência social, que é a caridade.

Veja a definição de "Solidariedade" que aparece na Encíclica *Sollicitudo Rei Socialis* 38:

> "Esta [solidariedade], portanto, não é um sentimento de compaixão vaga ou de enternecimento superficial pelos males sofridos por tantas pessoas próximas ou distantes. Pelo contrário, é a determinação firme e perseverante de se empenhar pelo bem comum; ou seja, pelo bem de todos e de cada um, porque todos nós somos verdadeiramente responsáveis por todos".

Temos inicialmente uma definição negativa, dizendo o que "não é" solidariedade, desconstruindo a ideia de que a maioria das pessoas tem, como se esta fosse somente sentir pena ou dó pelo sofrimento alheio. Em seguida, vem a definição positiva, dizendo o que ela "é", relacionando-a com o bem comum.

O Papa Francisco inova com outra definição:

> "Embora um pouco desgastada e, por vezes, até mal-interpretada, a palavra 'solidariedade' significa muito mais do que alguns atos esporádicos de generosidade; supõe a criação de uma nova mentalidade que pense em termos de comunidade, de prioridade da vida de todos sobre a apropriação dos bens por parte de alguns" (*Evangelii Gaudium* 188).

Vemos também nessa definição uma primeira referência dizendo o que ela "não é", para depois acentuar que ela é uma "nova mentalidade" que leva a pessoa a não pensar individualisticamente, o que inibe a apropriação privada dos bens gerando a desigualdade social. Acentua ainda o pontífice que a solidariedade é a reação espontânea de quem reconhece a função social da propriedade e a destinação universal dos bens da criação (EG 188-189).

Veja o que diz o Compêndio de Doutrina Social da Igreja *sobre a solidariedade:*

> *"A solidariedade confere particular relevo à intrínseca sociabilidade da pessoa humana, à igualdade de todos em dignidade e direitos, ao caminho comum dos homens e dos povos para uma unidade cada vez mais convicta.*

Nunca como hoje houve uma consciência tão generalizada do *liame de interdependência entre os homens e os povos*, que se manifesta em qualquer nível. A rapidíssima multiplicação das vias e dos meios de comunicação em tempo real, como são os telemáticos, os extraordinários progressos da informática, o crescente volume dos intercâmbios comerciais e das informações estão a testemunhar que, pela primeira vez desde o início da história da humanidade, ao menos tecnicamente, é já possível estabelecer relações também entre pessoas muito distantes umas das outras ou desconhecidos" (*Compêndio de Doutrina Social da Igreja* 192).

Questões para autoavaliação

1) Qual a diferença entre o conceito de justiça bíblico-patrístico (Unidade 2) e o conceito de Santo Tomás de Aquino? (Unidade 1). Em que se complementam?

2) Comente o conceito de "bem comum" a partir de sua perspectiva personalista. Por que ele é importante?

3) Comente o seguinte texto:

"A política é uma forma exigente, se bem que não seja a única, de se viver a caridade cristã em prol dos outros" (*Octogesima Adveniens* 46).

Texto para aprofundamento

CONGREGAÇÃO PARA EDUCAÇÃO CATÓLICA. *Orientações para o estudo e o ensino da Doutrina Social da Igreja na formação sacerdotal.* Petrópolis: Vozes, 1989 [Documentos Pontifícios, 229].

Valores fundamentais

O caminho seguro

43. Os princípios de reflexão da Doutrina Social da Igreja, enquanto leis que regulam a vida social, não são independentes do reconhe-

cimento real dos valores fundamentais inerentes à dignidade da pessoa humana. Estes valores são principalmente: a verdade, a liberdade, a justiça, a solidariedade, a paz e a caridade ou amor cristão. Viver estes valores constitui a via segura não só para o aperfeiçoamento pessoal, mas também para realizar um autêntico humanismo e uma nova convivência social. Portanto, é necessário referir-se a eles para realizar as reformas substanciais das estruturas econômicas, políticas, culturais e tecnológicas e as mudanças necessárias nas instituições.

Para uma renovação da sociedade

44. A importância vital destes valores explica o fato de a Igreja os ter sempre proposto com tanta insistência como verdadeiros fundamentos de uma nova sociedade mais digna do homem. Embora reconhecendo a autonomia das realidades terrestres, a Igreja sabe, porém, que as leis descobertas e empregadas pelo homem na vida social não garantem por si, quase mecanicamente, o bem de todos. Com efeito, elas devem ser aplicadas sob a guia dos valores que derivam da concepção da dignidade da pessoa humana. Todos estes valores manifestam a prioridade da ética sobre a técnica, o primado da pessoa sobre as coisas, a superioridade do espírito sobre a matéria.

A "sabedoria" no empenhamento social

45. Os valores, porém, entram frequentemente em conflito com as situações nas quais são negados aberta ou indiretamente. Em tais casos, o homem encontra-se na dificuldade de honrá-los a todos num modo coerente e simultâneo. Por este motivo torna-se mais necessário ainda o discernimento cristão das opções a fazer nas diversas circunstâncias, à luz dos valores fundamentais do cristianismo. Este é o modo de praticar a autêntica "sabedoria", que a Igreja requer no empenhamento social dos cristãos e de todos os homens de boa vontade.

Valores para o desenvolvimento

46. Tendo em conta a grande complexidade da sociedade humana contemporânea e a necessidade de promover determinados valores como

fundamento de uma nova sociedade, a Igreja é chamada a intensificar o processo de educação com a finalidade de fazer compreender não só aos indivíduos, mas também à opinião pública, ao menos nos países onde a sua presença é admitida e a sua ação permitida, a necessidade vital de defender e promover os valores fundamentais da pessoa humana, sem os quais não se poderá ter um verdadeiro desenvolvimento humano e integral de cada uma das sociedades. Por isso, não será possível estabelecer os alicerces do autêntico desenvolvimento humano, requerido pela Igreja no seu Magistério social mais recente, sem uma permanente reafirmação da dignidade humana e das suas exigências éticas e transcendentes; sem uma ética de responsabilidade e de solidariedade entre os povos e de justiça social; sem uma revisão do sentido do trabalho, que comporta uma redistribuição mais justa.

Referências utilizadas na Unidade 2

BENTO XVI. *Caritas in Veritate* – Sobre o desenvolvimento humano integral na caridade e na verdade. São Paulo: Paulinas, 2009.

_____. *Deus Caritas Est* – Sobre o amor cristão. 2. ed. São Paulo: Paulinas, 2006.

BIGO, P. *A Doutrina Social da Igreja*. São Paulo: Loyola, 1969 [Trad. por uma equipe de professores da PUC-RJ].

BRAVO, R.S. *Ciencias sociales y Doctrina Social de la Iglesia* – Tratado de Teología Social. Madri: CCS, 1996 [Colección Claves Cristianas, 6].

CELAM. *Conclusões de Medellín*. 4. ed. São Paulo: Paulinas, 1979 [Coleção Sal da Terra, 7].

CONFERÊNCIA EPISCOPAL DA INGLATERRA E DO PAÍS DE GALES. "O bem comum e o Ensino Social da Igreja Católica". *Sedoc*, 29, 1997.

CONGREGAÇÃO PARA EDUCAÇÃO CATÓLICA. *Orientações para o estudo e o ensino da Doutrina Social da Igreja na formação sacerdotal*. Petrópolis: Vozes, 1989 [Documentos Pontifícios, 229].

FRANCISCO. Bula *Misericordiae Vultus*. O rosto da misericórdia. São Paulo: Loyola, 2015.

_____. *Exortação Apostólica* Evangelii Gaudium: *a alegria do Evangelho* – Sobre o anúncio do Evangelho no mundo atual. São Paulo: Paulus/Loyola, 2013.

_____. Exortação Apostólica *Gaudete et Exsultate*. Sobre o chamado à santidade no mundo atual. São Paulo: Loyola, 2018.

FRIZZO, A.C. *A trilogia social* – O estrangeiro, órfão e viúva no Deuteronômio e sua recepção pela Mishná. Rio de Janeiro: PUC-Rio, 2009 [Tese de doutorado].

JOÃO PAULO II. Carta Apostólica *Novo Millennio Ineunte*. São Paulo: Paulus/Loyola, 2001.

LANGLOIS, J.M.I. *Doutrina Social da Igreja*. Lisboa: Rei dos Livros, 1989 [Trad. de Maria da Graça de Mariz Rozeira].

PAULO VI. "Evangelii Nuntiandi". In: COSTA, L. (org.). *Documentos de Paulo VI*. São Paulo: Paulus, 1997, p. 379-457 [AAS LXVIII, 1976, p. 5-76].

PIZZORNI, R. *Giustizia e Carità*. Bolonha: Studio Domenicano, 1995, 682 p. [Collana "Civis", 10].

SICRE, J.L. *A justiça social nos profetas*. São Paulo: Paulinas, 1990.

SÍNODO DOS BISPOS. *A justiça no mundo*. Roma: Typis Polyglottis Vaticanis, 1971.

SOBRINO, J. "La muerte de Jesús y la liberación en la historia". In: EQUIPO SELADOC. *Cristología en América Latina*. Salamanca: Sígueme, 1984.

SOUZA, A.R. "As mudanças na intervenção social do catolicismo brasileiro". *Estudos de Sociologia*, 13, 2007, p. 131-160.

Unidade 3

As encíclicas e os documentos sociais

Radar social

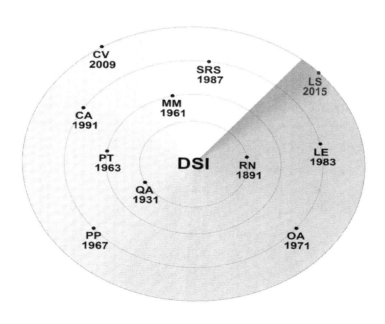

As encíclicas e documentos sociais da Igreja captam a realidade social com seus desafios e demandas, cruzam tudo isto com a mensagem do Evangelho e orientam a ação dos cristãos dentro de um determinado momento histórico. Por isso, para compreendê-las é importante conhecer o contexto em que surgiram e os desafios aos quais procuram responder.

Algumas dessas encíclicas são comemorativas da *Rerum Novarum*, isto é, os pontífices aproveitaram o ensejo do aniversário desta encíclica para pronunciar-se a respeito de questões importantes de seu tempo. Outras são originais, quer dizer, foram escritas independentemente do aniversário da *Rerum Novarum*.

Tomaremos como marco divisório o Concílio Vaticano II, tendo presente tudo o que ele representou para a teologia e pastoral da Igreja, inclusive em sua dimensão social e política. Por isso, veremos o grupo de encíclicas anteriores a este Concílio, mais restritas à Europa e à chamada "questão social", para depois vermos o período pós-conciliar, em que ocorre uma ampliação da "questão social", seja em termos de conteúdo, seja também de abrangência.

Nesta unidade você terá contato com as encíclicas e documentos sociais que constituem a dimensão histórica da DSI. Na **Unidade 1** foram apresentados os nomes das encíclicas e documentos sociais, como se estivéssemos sobre uma colina olhando a floresta por cima. Agora é o momento de descer a colina e abraçar cada árvore para conhecê-la de perto!

No **Bloco 1** você verá as encíclicas e documentos anteriores ao Concílio Vaticano II, no período de 1891 a 1963, começando pelo magistério social do Papa Leão XIII e encerrando com o Papa João XXIII.

No **Bloco 2** serão apresentados as encíclicas e documentos posteriores ao Concílio Vaticano II, indo de 1965 a 2011, começando com o magistério do Papa Paulo VI e terminando com o Papa Francisco.

Leia atentamente a "ficha técnica" de cada encíclica, com informações resumidas, e depois sua apresentação mais extensa. Veja também o *box* com o comentário do *Compêndio de Doutrina Social da Igreja* sobre cada encíclica.

É importante que você tenha um contato direto com um texto, retirado da própria encíclica e que estará presente no final da apresentação de cada uma delas.

Observe também o percurso que a DSI foi fazendo nestes mais de cem anos (CAMACHO, 1995, p. 24-27):

1) O método, que vai do dedutivo ao indutivo. Num primeiro momento a DSI partia do direito natural e daí ia deduzindo todos os ensinamentos para os diversos problemas concretos. Não é que não se prestasse atenção à realidade concreta, mas pesava muito mais os princípios abstratos. A nova sensibilidade de João XXIII trouxe numa mudança metodológica, que busca mais a realidade como ponto de partida.

2) Do "direito natural" ao específico cristão. Inicialmente, o fundamento da DSI é mais filosófico, e depois vai tornando-se mais teológico. É a nova orientação trazida pelo Concílio Vaticano II. Não se trata tanto de uma questão de linguagem, mas do que os cristãos podem levar concretamente em meio ao mundo, fruto de sua fé.

3) Em direção a uma ampliação dos horizontes. A DSI nasceu como uma resposta aos problemas colocados pela Revolução Industrial circunscrita à Europa, chamada de "questão social". Com o tempo, essa preocupação foi se ampliando para outros campos da existência humana, como a área sociopolítica, e estendendo-se a todas as nações do mundo.

Bom estudo! Abrace com carinho cada encíclica e documento social. Que seja proveitoso esse contato direto com elas!

BLOCO 1

ENCÍCLICAS E DOCUMENTOS ANTERIORES AO CONCÍLIO VATICANO II

Neste bloco iremos estudar as encíclicas e documentos sociais anteriores ao Concílio Vaticano II, onde iremos ver, sobretudo, as chamadas questões clássicas da DSI, como trabalho, salário, propriedade privada e papel do Estado na economia.

As encíclicas desse período têm o perfil de um ensinamento semelhante a uma filosofia social, como, aliás, chamava-se nesse tempo esse ensinamento social. Hoje, nos tempos pós-conciliares, entendemos por "doutrina social", que está mais próxima da teologia moral.

A DSI evoluiu para responder aos desafios apresentados em cada época, os quais poderíamos resumir no que se chamou "questão social", que em sua origem foi a questão operária produzida pela Revolução Industrial. Aliás, cada encíclica social procura responder à questão social de seu tempo e é preciso estar atento a isto.

No caso da Revolução Industrial, a produção deixa de ser baseada na manufatura, separa-se do produtor e começa a ser fundamentada em um intermediário, que é a máquina. Este será, então, o revolucionário meio de fazer não o que se necessitava, mas o produto que se vende, tendo como intermediário a máquina movida a vapor e como combustível o carvão. A Revolução, aqui, não foi simplesmente a tecnologia que foi implementada, mas sim que chegara ao fim o trabalho de produção artesanal. A intermediação do produtor pelo meio de produção (máquina) é a institucionalização da nova divisão social do trabalho, isto é, o proletário que possui as mãos e o capitalista que possui a máquina. Não se produz para a necessidade, mas para gerar lucro (BOAVENTURA & SILVA, 2017, p. 121).

Toda esta situação gera uma massa amorfa, ora trabalhadores, ora vagabundos, mas sempre uma multidão de miseráveis, em uma época em que se poderia em um pouco espaço de tempo presenciar a chamada morte social, isto é, a morte por fome, de 30 ou mais pessoas no mesmo dia (BOAVENTURA & SILVA, 2017, p. 121). Esta é a "questão social" com a qual se depararam os cristãos do século XIX e à qual procuraram dar uma resposta. Este é o pano de fundo para o nascimento da Doutrina Social da Igreja.

"Questão social": São os problemas experimentados por uma sociedade em um determinado período histórico e que ameaçam sua coesão (CASTEL, 2013). No caso da DSI, isso aponta para um conjunto de problemas na sociedade europeia no século XIX, fruto da urbanização e da Revolução Industrial, conhecido também como "questão operária".

Outra questão à qual se deve estar atento ao estudar as encíclicas sociais são os PARADIGMAS que caracterizam os diversos períodos da DSI. Neste período, que agora iniciamos, temos o paradigma ético-tomista. Nele as questões relativas à moral socioeconômica se baseiam no tratado *De Iustitia* de Santo Tomás de Aquino, cujas fontes são o Livro V da Ética a Nicômaco (Aristóteles), a tradição bíblico-patrística e o Direito romano (ANDRADE, 2010).

O magistério social de Leão XIII

Papa/encíclica/título/ano/abrev.	Contexto em que foi escrita	Síntese do conteúdo	Novidade que acrescenta à DSI
Leão XIII (1878-1903), *Rerum Novarum*, 1891. Das coisas novas. RN	Campo político: a consolidação dos estados nacionais. Campo econômico: consolidação do liberalismo econômico. Campo social: aumento e depauperação da classe operária. A "questão social".	Analisa e denuncia a exploração a que eram submetidos os operários. Pede a efetiva presença do Estado para tutelar os direitos dos trabalhadores.	Uma nova forma de a Igreja se manifestar sobre questões econômico-sociais.

A primeira encíclica do conjunto que chamamos "Doutrina Social da Igreja" foi escrita em 1891 pelo Papa Leão XIII, com o nome latino *Rerum Novarum* = "Das coisas novas" (RN). É preciso salientar que foi motivada pela chamada "questão social", representada pela nova condição dos trabalhadores diante da Revolução Industrial. Esta provocou uma reviravolta no setor produtivo e de transportes, a partir da utilização do carvão como fonte de energia. Duas invenções se destacaram nesse sentido: a "máquina a vapor" e a "locomotiva".

Algumas reações às coisas novas trazidas pela Revolução Industrial já estavam em andamento em meio à sociedade. Podemos destacar as seguintes:

• **Socialismo utópico:** Este movimento nascido na França tem duas características que irá distingui-lo do socialismo científico ou comunismo marxista, que são as seguintes: é espiritualista e voluntarista. A primeira característica se opõe ao materialismo e significa que ele traz um ideal de justiça e de fraternidade, enquanto que a segunda indica que ele não acredita na luta de classes e confia que a vontade humana pode atuar sobre a ordem econômica modificando-a. Ele é, na realidade, uma correção dos erros do liberalismo, que não recorre à violência para consecução de seus objetivos (HUGON, 1994, p. 165). Esses pensadores receberam o adjetivo pejorativo de "utópicos" exatamente por estas características. Dentre estes, pode-se citar Saint-Simon (1760-1825), Charles Fourier (1772-1837), Louis Blanc (1811-1882) e Robert Owen (1771-1858).

• **Sindicalismo**: Se por um lado o socialismo utópico apresentava propostas que não tinham relação com a realidade e que eram, por isso, impraticáveis, em nada ajudando a resolver a questão social, por outro lado ia ficando cada vez mais importante o movimento sindical, começando pela Inglaterra no século XIX que foi o berço da Revolução Industrial e, depois se estendendo ao continente europeu, sendo o mesmo problema em todos os países, isto é, a questão social levantada pela industrialização. No entanto, essa questão se resolveu primeiro na Inglaterra, enquanto foi lentamente se resolvendo nos outros países onde o sindicalismo chegou atrasado (MARTINA, 1997, p. 33).

• **Socialismo científico**: Se o sindicalismo caminhava predominantemente no plano social e econômico, o socialismo científico, como o chamou Marx, com uma pitada de crítica mordaz aos utópicos que o tinham precedido, escolheu decididamente a ação política. Seu ponto de partida é a situação em que se encontrava o proletariado, como consequência funesta da Revolução Industrial (CAMACHO, 1995, p. 44). Para se descolar do socialismo francês ele preferiu usar a palavra "comunismo" e, em fevereiro de 1848, publicou o *Manifesto do Partido Comunista*, onde junto com Engels analisa a história da humanidade a partir de uma chave de leitura original: a luta de classes. A contribuição de Marx para a solução da questão social pode ser sintetizada no apelo que encerra o Manifesto: *Proletários de todo o mundo, uni-vos!*, onde se postula o "desenvolvimento de uma consciência de classe do mundo operário em bases econômicas, a internacionalização do movimento, a escolha deliberada da revolução". (MARTINA, 1997, p. 34).

• **Catolicismo social:** Movimento cristão que, no plano doutrinário e no plano da ação, começou em meados do século XIX em reação às consequências da Revolução Industrial. Algumas pessoas procuravam expressar as exigências sociais da fé, como o Bispo alemão Wilhelm Emmanuel von Ketteler (1811-1877), que se posicionou contrário ao liberalismo e ao individualismo econômico, assim também como contra a excessiva intervenção estatal, tendo sido um dos precursores do que chamamos hoje de Doutrina Social da Igreja. No plano da ação encontramos a organização da Caritas Internacional, criada por ocasião do Congresso Eucarístico Internacional realizado em Amsterdam em 1924, bem como a figura de Antonio Frederico Ozanam, na França, que além de defensor audacioso de ideias sociais, organizou as conferências de caridade para auxílio dos pobres (ÁVILA, 1993, p. 70). Apesar de todo este empenho dos cristãos faltava uma palavra oficial da Igreja, o que veio a acontecer com a publicação da encíclica *Rerum Novarum*.

Vejamos o que diz o Compêndio de Doutrina Social da Igreja:

"A *Rerum Novarum* enfrentou a questão operária com um método que se tornará um paradigma permanente para o desenvolvimento da doutrina social. Os princípios afirmados por Leão XIII serão retomados e aprofundados pelas encíclicas sociais sucessivas. Toda a doutrina social poderia ser entendida como uma atualização, um aprofundamento e uma expansão do núcleo originário de princípios expostos na *Rerum Novarum*. Com esse texto, corajoso e de longo alcance, o Papa Leão XIII conferiu à Igreja quase um "estatuto de cidadania" no meio das variáveis realidades da vida pública e escreveu esta palavra decisiva, que se tornou um elemento permanente da Doutrina Social da Igreja, afirmando que os graves problemas sociais só podiam ser resolvidos pela colaboração entre todas as forças intervenientes e acrescentando também: Quanto à Igreja, não deixará de modo nenhum faltar a sua quota-parte" (*Compêndio de Doutrina Social da Igreja* 90).

Alguns pontos particulares da Rerum Novarum:

a) O trabalho e o salário

A RN apresenta o trabalho como uma atividade humana, destinada a prover as necessidades da vida, e especialmente a sua conservação (n. 6). Por isso, não se deve ter vergonha de trabalhar para ganhar o pão do dia a dia, uma vez que o próprio Jesus quis ser trabalhador (n. 15). Acentua ainda o pontífice que o trabalho é a fonte de onde procede a riqueza das nações (n. 20).

Outro ensinamento importante é o de que o trabalho é *pessoal* e *necessário*: é "pessoal", porque a força ativa é inerente a pessoas, uma propriedade daquele que a exerce, sendo que a recebeu para a sua utilidade; é "necessário" porque o homem precisa dele para sobreviver, e daqui vem a indicação para estabelecer o justo salário, isto é, este deve ser suficiente para o trabalhador manter-se e também prover o sustento de sua família.

b) Propriedade privada

Esta questão constitui o centro da polêmica com o socialismo nos inícios da doutrina social. Afirma a RN que o trabalhador pretende, com o fruto do seu trabalho, tornar-se proprietário, e este é um direito natural (n. 13). Os dois argumentos aduzidos para mostrar que se trata de um direito derivado da natureza apoiam-se no *caráter previdente do homem,* como ser dotado de razão (n. 5), e no *trabalho*, como capacidade de tornar a terra produtiva e de transformar os bens materiais.

Compete ao Estado proteger o direito à propriedade privada com leis sábias (n. 23), ao mesmo tempo em que favorece seu acesso a todos os cidadãos. A eliminação da propriedade privada privaria o trabalhador de gozar os frutos de seu trabalho (n. 22), pois ela é, de certa forma, o "salário transformado".

De acordo com a RN, a destinação universal dos bens não se opõe à propriedade privada, porque Deus não concedeu aos homens os bens para que dominassem confusamente todos juntos, mas de maneira organizada. No entanto, o "uso" das coisas está subordinado ao seu originário destino comum de todos os bens, de modo que o homem não deve possuir os bens externos como próprios, mas como comuns.

Leia este trecho da Rerum Novarum:

"A sede de inovações, que há muito tempo se apoderou das sociedades e as tem numa agitação febril, devia, tarde ou cedo, passar das regiões da política para a esfera vizinha da economia social. Efetivamente, os progressos incessantes da indústria, os novos caminhos em que entraram as artes, a alteração das relações entre os operários e os patrões, a afluência da riqueza nas mãos de um pequeno número ao lado da indigência da multidão, a opinião enfim mais avantajada que os operários formam de si mesmos e a sua união mais compacta; tudo isto, sem falar da corrupção dos costumes, deu em resultado final um temível conflito. Por toda parte, os espíritos estão apreensivos e numa ansiedade expectante, o que por si só basta para mostrar quantos e quão graves interesses estão em jogo. Esta situação preocupa e põe ao mesmo tempo em exercício o gênio dos doutos, a prudência dos sábios, as deliberações das reuniões populares, a perspicácia dos legisladores e os conselhos dos governantes, e não há, presentemente, outra causa que impressione com tanta veemência o espírito humano" (n. 1).

O magistério social de Pio XI

Papa/encíclica/título/ano/abrev.	Contexto em que foi escrita	Síntese do conteúdo	Novidade que acrescenta à DSI
Pio XI (1922-1939), *Quadragesimo Anno*, 15/05/1931. Quadragésimo Ano. QA	São quarenta anos da *Rerum Novarum*. Houve um extraordinário desenvolvimento da "civilização industrial", devido ao progresso técnico e ao crescimento da produção. Ao mesmo tempo a sociedade passava por uma grave crise de mercado econômico e assistia à ascensão de regimes políticos totalitários.	Critica com veemência as consequências sociais do "regime capitalista" com seu espírito individualista e rejeita o socialismo, sobretudo em sua expressão comunista. Propõe um "corporativismo cristão", baseado na dignidade e liberdade da pessoa humana e nos princípios da solidariedade e colaboração.	Formulação do princípio de "subsidiariedade". Introdução no vocabulário da DSI do conceito de "justiça social" e "caridade social". Apresentação da distinção entre "domínio individual" e "social" quanto à propriedade privada.

Esta encíclica social de Pio XI é comemorativa dos quarenta anos da RN, donde o seu título. Seu contexto imediato é o *crash* da Bolsa de Nova York, em 1929, com o consequente desemprego e empauperamento da população. Além desse contexto econômico, em ruínas, deve-se salientar, ainda, a ascensão de regimes autoritários na Europa, como o nacional socialismo alemão e italiano, mais conhecidos como "nazismo" e "fascismo", respectivamente.

Algumas expressões desta encíclica entraram para o vocabulário da DSI, tais como "justiça social" e "caridade social", bem como o princípio da "subsidiariedade":

Justiça social: Ela vem dar uma ênfase no sentido econômico a uma justa distribuição e à abolição das diferenças injustas entre os diversos setores sociais, com um marcado acento na melhoria das condições de vida dos mais pobres ou desprotegidos (QA 88).

Caridade social: É a virtude que se dirige às pessoas, não mais tomadas isoladamente, mas em seu conjunto, pois seu objeto é o conjunto de toda a sociedade, ordenando tudo ao bem comum e ao bem último, que é Deus (QA 88). Essa caridade é chamada por Santo Tomás de "caridade civil" ou "caridade natural", e recentemente na DSI assumiu o nome de solidariedade.

Subsidiariedade: Este princípio é um dos mais constantes na DSI, pois é impossível promover a dignidade da pessoa sem que se cuide da família e das outras associações de cunho social, econômico, cultural, desportivo, profissional, às quais as pessoas dão vida espontaneamente, e que lhes torna possível um efetivo crescimento social. O Estado não pode se sobrepor a essas esferas, menos ainda querer tutelá-las ou destruí-las.

Alguns pontos da QA relativos à questão social:

TRABALHO: A QA acentua que o trabalho tem uma dignidade, pois é a fonte da riqueza nacional. Esta riqueza se deve à conjugação de dois fatores: a criação dada por Deus e o trabalho do homem, sendo que esses dois fatores se conjugam no produto final do trabalho. Nem só o capital, nem só o trabalho, podem se atribuir o que é feito com o concurso de ambos.

SALÁRIO: A QA coloca alguns critérios para se decidir o justo salário: a) ao operário deve dar-se remuneração que baste para o sustento seu e de sua família; b) deve-se, também, atender o lado da empresa, pois seria injustiça exigir salários que ela não pode pagar e arruinasse a si mesma e aos seus operários; c) é contra a justiça social diminuir ou aumentar demasiadamente os salários, em vista só das próprias conveniências, sem ter em conta o bem comum, pois a mesma justiça exige que se regulem os salários de tal modo que o maior número de operários possa encontrar trabalho e ganhar o necessário para o sustento da vida (QA 69-75).

PROPRIEDADE PRIVADA: A QA reconhece, com a RN, o direito de propriedade (n. 44), mas inicia um processo de limitação ao direito absoluto, evidenciando a dimensão social dessa propriedade. Acentua um domínio individual (particulares) e social (bem comum) da propriedade. Segundo a QA, ao se negar o domínio social da propriedade, cai-se no individualismo, e ao se negar o domínio individual, cai-se no coletivismo, ambos condenáveis (n. 45-46).

ESTADO: A livre-concorrência, contida dentro de justos e razoáveis limites e, mais ainda, o poderio econômico, devem estar efetivamente sujeitos à autoridade pública, em tudo o que é da sua alçada. Enfim as públicas instituições adaptarão a sociedade inteira às exigências do bem comum, isto é, às regras da justiça; donde necessariamente resultará que esta função tão importante da vida social, qual é a atividade econômica, se encontrará por sua vez reconduzida a uma ordem sã e bem equilibrada (QA 110).

Veja o que diz o Compêndio de Doutrina Social *sobre essa encíclica:*

A *Quadragesimo Anno* reafirma o princípio segundo o qual o salário deve ser proporcional não só às necessidades do trabalhador, mas também às de sua família. O Estado, nas relações com o setor privado, deve aplicar o *princípio de subsidiariedade*, princípio que se tornará um elemento permanente da doutrina social. A encíclica refuta o liberalismo entendido como concorrência ilimitada das forças econômicas, mas reconfirma o direito à propriedade privada, evocando-lhe a sua função social. Em uma sociedade por reconstruir desde as bases econômicas, que se torna ela mesma e toda inteira "a questão" a enfrentar, Pio XI sentiu o dever e a responsabilidade de promover um maior conhecimento, uma mais exata interpretação e uma urgente aplicação da lei moral reguladora das relações humanas para superar o conflito de classes e estabelecer uma nova ordem social baseada na justiça e na caridade" (*Compêndio de Doutrina Social da Igreja* 91).

Leia este texto da Encíclica Quadragesimo Anno:

"Resta ainda outro ponto estreitamente ligado com o precedente. Como não pode a unidade social basear-se na luta de classes, assim a reta ordem da economia não pode nascer da livre-concorrência de forças. [...] A livre-concorrência, ainda que dentro de certos limites, é justa e vantajosa, não pode de modo nenhum servir de norma reguladora à vida econômica [...]. Urge, portanto, recorrer a princípios mais nobres e elevados: à justiça e à caridade sociais" (n. 88).

O magistério social de Pio XII

Papa/encíclica/ título/ano/ abrev.	Contexto em que foi escrita	Síntese do conteúdo	Novidade que acrescenta à DSI
Pio XII (1939-1958), *La Solennità*. 01/06/1941. A Solenidade. É uma radio-mensagem.	São cinquenta anos da *Rerum Novarum*. Tempo marcado pela ascensão e expansão do nazismo.	Dá diretrizes morais sobre três valores funda-mentais da vida social e econô-mica: o uso dos bens materiais, o trabalho e a família.	Introdução do conceito de "de-senvolvimento humano". Subordinação do direito de pro-priedade privado à destinação uni-versal dos bens.

Este é outro documento importante para a DSI nesta fase pré-con-ciliar. Não é uma encíclica social, mas uma mensagem divulgada por Pio XII no aniversário dos cinquenta anos da *Rerum Novarum*, no dia da Solenidade de Pentecostes, donde o nome "A Solenidade".

Nesta mensagem, em continuidade com a RN, afirma-se ser o traba-lho um dever e, ao mesmo tempo, um direito de todo ser humano, um dado natural, pois o homem é um *homo faber*. É, por conseguinte, aos próprios (patrões e empregados) que compete, antes de ninguém, regular os problemas oriundos das relações de trabalho. No caso de se omitirem, ou de não o poderem fazer, é que caberá ao Estado intervir para que pre-valeça o bem comum (*La Solennità* 20-21).

Uma contribuição importante desse documento foi a apresentação de um tema semelhante ao que hoje chamamos de "Índice de Desenvolvimento Humano" (IDH). Papa Pio XII afirmou que a economia nacional é fruto do trabalho das pessoas e deve contribuir para que se possa desenvolver a vida individual dos cidadãos. Por isso, a riqueza econômica de um povo não se mede pela abundância dos bens, mas sim no fato de que tal abundância ofereça real e eficazmente a base material necessária ao devido desenvolvimento pessoal dos seus membros (*La Solennità* 17).

Outra contribuição importante refere-se ao resgate do ensinamento patrístico sobre a destinação universal dos bens, que não estava tão evidente nas encíclicas anteriores. Neste documento afirma-se que o ser humano recebeu da natureza o direito fundamental de usar dos bens materiais da terra, embora se deixe à vontade humana e às formas jurídicas dos povos a sua regulamentação. Porém, o documento subordina este direito natural de propriedade àquele da destinação universal dos bens, pois esse é um direito fundamental e anterior a todos os outros, mesmo ao de propriedade privada (*La Solennità* 12-14).

Alguns ensinamentos particulares desta Mensagem:

TRABALHO: As questões relativas ao trabalho devem ser resolvidas pelas corporações locais e profissionais, de modo que o Estado só intervém como suprema e moderadora autoridade social, para prevenir as perturbações de equilíbrio econômico nascidas da pluralidade e dos contrastes dos egoísmos concorrentes, individuais e coletivos (n. 5). Retomando os ensinamentos da RN, recorda ser o trabalho um dever e, ao mesmo tempo, um direito de todo ser humano, concedido ao indivíduo em primeira instância pela natureza e não pela sociedade (n. 20). Ao dever pessoal do trabalho, imposto pela natureza, corresponde e segue-se o direito natural a cada indivíduo de fazer do trabalho o meio para prover à vida própria e dos filhos.

ESTADO: Seu papel é tutelar o campo intangível dos direitos da pessoa humana e tornar-lhe fácil o cumprimento dos seus deveres. Ele não deve intervir, por exemplo, na questão da determinação do trabalho, que compete a patrões e empregados. Poderá fazê-lo de forma subsidiária, se não houver acordo entre as partes e se o bem comum assim o exigir.

PROPRIEDADE PRIVADA: Reforça a orientação dada na RN, mas acentua o princípio patrístico da destinação universal dos bens da criação (n. 12). Não se descarte o direito natural da propriedade privada, que Pio XII entende ser da ordem natural, que tem em Deus a sua origem. Evidencia, também, a necessidade de liberdade para as transações comerciais e a função regulatória do poder público. No entanto, tudo isso fica subordinado à destinação universal dos bens da criação (n. 13). Este direito natural à propriedade está conexo com a dignidade e com outros direitos da pessoa humana e lhe oferecem uma base segura para que ela possa se desenvolver (n. 14). A própria natureza vinculou intimamente a propriedade particular com a existência da sociedade humana e, em grau eminente, com a existência e o desenvolvimento da família (n. 22).

Vejamos o que diz o Compêndio *sobre esta mensagem:*

"Uma das características fundamentais dos pronunciamentos de Pio XII está na importância dada à conexão entre moral e direito. O papa insiste sobre a noção de direito natural, como alma de um ordenamento social concretamente operante, quer no plano nacional quer no plano internacional. Um outro aspecto importante do ensinamento de Pio XII está na atenção dada às categorias profissionais e empresariais, chamadas a concorrer em plena consciência para a consecução do bem comum: "Pela sua sensibilidade e inteligência em detectar os "sinais dos tempos", Pio XII pode considerar-se o precursor imediato do Concílio Vaticano II e do ensinamento social dos papas que lhe sucederam" (*Compêndio de Doutrina Social da Igreja* 93).

Leia este trecho da mensagem La Solennità:

"Donde podereis facilmente ver, amados filhos, que a riqueza econômica de um povo não consiste propriamente na abundância dos bens, medida segundo um cômputo puramente material do seu valor, mas sim no fato de que essa abundância represente, ofereça real e eficazmente a base material que baste ao devido desenvolvimento pessoal dos seus membros. Se esta justa distribuição dos bens não fosse atuada ou o fosse só imperfeitamente, não se atingiria o verdadeiro fim da economia nacional; pois que, embora circulasse uma afortunada abundância de bens disponíveis, o povo, não participando deles, não seria economicamente rico, mas pobre. Ao contrário, fazei que essa justa distribuição seja realmente efetuada de modo estável e vereis um povo, ainda que disponha de menores bens, tornar-se e ser economicamente são" (n. 17).

O magistério social de João XXIII

Papa/encíclica/ título/ano/abrev.	Contexto em que foi escrita	Síntese do conteúdo	Novidade que acrescenta à DSI
João XXIII (1958-1963), *Mater et Magistra*,15/01/1961. Mãe e mestra. MM	São setenta anos da RN. Quatro pontos podem traçar o panorama deste tempo: clara opção em favor da democracia, euforia pelo desenvolvimento, Estado de Bem-estar Social e processo de descolonização.	Uma retomada do ensino social dos pontífices anteriores, mas uma especial atenção aos problemas do presente.	Se até Pio XII predominava um discurso mais filosófico e uma argumentação baseada nos princípios da razão, João XXIII usa uma linguagem mais indutiva, mais concreta. Marca uma nova etapa na DSI.

Esta é outra encíclica comemorativa da RN, desta vez do seu septuagésimo aniversário. Embora esse seja um documento pré-conciliar, já temos lampejos da teologia que marcará o Concílio Vaticano II, com sua atenção à história, e sua metodologia mais indutiva, partindo da realidade.

No início da década de 1960 o mundo estava mudando, com o processo de descolonização de vários países do chamado "Terceiro Mundo". Ao mesmo tempo, havia uma euforia pelo progresso e uma confiança no papel do Estado como garantidor do bem-estar da população, tal como fora idealizado após a Segunda Guerra, chamado de "Estado de Bem-estar".

Com relação ao **trabalho**, a MM ensina que os leigos estão realizando o plano de Deus ao humanizarem as atividades temporais, pois unidos ao corpo místico de Cristo santificam o seu trabalho como sendo uma continuação da obra de Jesus, difundindo os princípios cristãos na sociedade onde vivem e trabalham. O trabalho é expressão direta da pessoa humana e tem prioridade sobre as riquezas e os bens materiais, os quais são apenas instrumentos.

No que se refere ao **salário**, afirma-se que sua determinação não pode ser feita pela livre-concorrência, nem ser deixada ao arbítrio dos poderosos, mas deve ser feita segundo as normas da justiça e da equidade. Estas determinam que o trabalhador deve, com o seu salário, atender a todos os seus encargos domésticos. Deve-se ter presente, porém, a situação econômica da empresa e as exigências impostas pelo bem do país no tocante ao pleno emprego (n. 68-72). É preciso, ainda, que, de alguma forma, os trabalhadores cheguem a participar da propriedade da empresa. Assim haveria uma distribuição mais equitativa do lucro produzido pela mesma (n. 77).

Na fixação do salário deve se levar em conta, também, o bem comum nacional e internacional. No âmbito nacional, no sentido de prover empregos para o maior número possível de pessoas, sem criar um grupo de privilegiados, e ainda o de manter um preço acessível dos bens e serviços. No âmbito internacional, para que não haja uma concorrência desleal entre economias de países diversos (n. 79-81).

Quanto à **propriedade privada**, João XXIII afirma esse direito, mesmo o dos bens de produção (n. 109). Esse direito tira o seu sentido e o seu valor da fecundidade do trabalho, garante a segurança da família e promove a paz e a prosperidade públicas (112). Salienta-se, no entanto, que no direito à propriedade privada está incluída uma *função social* (n. 119).

Uma contribuição importante da MM refere-se à própria **Doutrina Social da Igreja**, à qual é dedicada toda uma parte (n. 222-239). Antes de tudo, ele a vê como profundamente ligada ao ensinamento sobre a vida humana e pede que seja ensinada em todas as escolas católicas e seminários. Depois, afirma seu desejo de que essa doutrina social se traduza em prática nos campos da vida social e econômica. Nesse sentido, ele fala quase de uma "formação na ação", utilizando o método ver, julgar e agir.

Leia o que diz o Compêndio de Doutrina Social *sobre a* Mater et Magistra:

"João XXIII, na Encíclica *Mater et Magistra* (1961), pretende atualizar os documentos já conhecidos e avançar no sentido de comprometer toda a comunidade cristã. As palavras-chave da encíclica são *comunidade* e *socialização*: a Igreja é chamada, na verdade, na justiça e no amor, a colaborar com todos os homens para construir uma autêntica *comunhão*. Por tal via o crescimento econômico não se limitará a satisfazer as necessidades dos homens, mas poderá promover também a sua dignidade" (*Compêndio de Doutrina Social da Igreja* 94).

Leia este trecho da Mater et Magistra:

"Para levar a realizações concretas os princípios e as diretrizes sociais, passa-se ordinariamente por três fases: estudo da situação; apreciação da mesma à luz desses princípios e diretrizes; exame e determinação do que se pode e deve fazer para aplicar os princípios e as diretrizes à prática, segundo o modo e no grau que a situação permite ou reclama. São os três momentos que habitualmente se exprimem com as palavras seguintes: 'ver, julgar e agir'.

Convém, hoje mais do que nunca, convidar com frequência os jovens a refletir sobre estes três momentos e a realizá-los praticamente, na medida do possível. Desse modo, os conhecimentos adquiridos e assimilados não ficarão, neles, em estado de ideias abstratas, mas torná-los-ão capazes de traduzir na prática os princípios e as diretrizes sociais" (n. 235-236).

Temos outra encíclica de João XXIII, a Pacem in Terris, *tão importante quanto a* Mater et Magistra:

Papa/encíclica/título/ano/abrev.	Contexto em que foi escrita	Síntese do conteúdo	Novidade que acrescenta à DSI
Pacem in Terris, 11/04/1963. A paz na terra. PT	São 15 anos da Declaração da ONU dos Direitos Humanos. Existe um clima de Guerra Fria. Em 1961 a construção do Muro de Berlim. Em 1962 a invasão frustrada da Baía dos Porcos (Cuba). Paira o perigo de uma guerra nuclear entre os dois grandes blocos.	A paz é o tema. Ela vem construída sobre quatro critérios: verdade, justiça, amor (ou solidariedade) e liberdade. A paz consiste no respeito à ordem estabelecida por Deus e à dignidade da pessoa humana. Debruça-se sobre quatro grandes problemas: as desigualdades entre os povos, as minorias étnicas, os exilados políticos e o desarmamento.	Atenção ao momento presente. Referência aos "sinais dos tempos". Menção positiva à Declaração Universal dos Direitos Humanos. Elaboração de uma lista de direitos e deveres. Dirigida "a todos os homens de boa vontade". Colaboração com os socialistas na construção de um mundo novo.

As encíclicas que vimos até agora são comemorativas da *Rerum Novarum*, elas realçam aspectos novos da realidade, cruzando-os com os princípios delineados naquela primeira encíclica, ampliando assim o ensinamento da DSI. Outra característica dessas encíclicas, além de serem comemorativas da RN, é que elas giram em torno da chamada "questão social", abordando problemas de natureza socioeconômica.

Essa encíclica *Pacem in Terris*, de João XXIII é original em relação às demais, pelos seguintes motivos:

1) Ela é endereçada não somente aos membros da Igreja, como nas demais encíclicas, mas também a todas as pessoas de boa vontade; saindo, assim, do círculo intraeclesial.

2) A questão que vem enfrentada nessa encíclica é a paz, anseio profundo dos seres humanos, que é fruto da reta ordem social instituída

por Deus (PT 1) e que se fundamenta em quatro pilares: verdade, justiça, amor e liberdade.

3) Ela não é comemorativa da *Rerum Novarum*, mas faz menção aos 15 anos da Declaração de Direitos Humanos da Organização das Nações Unidas (PT 141-144).

Embora abordando questões de ordem sociopolítica, essa encíclica não deixa de enriquecer o patrimônio da DSI, no que se refere à questão social. Ela ensina, primeiro, que o **trabalho** é um direito do ser humano, que comporta a exigência de poder trabalhar em condições dignas e apropriadas, onde não se lhe minem as forças físicas nem sua integridade moral, como tampouco se comprometa o são desenvolvimento do ser humano ainda em formação (PT 18-24). Diz, depois, que aliado ao direito ao trabalho está o direito a um justo **salário**. Essa remuneração deve ser proporcional aos recursos disponíveis pela empresa, e ser um montante que permita ao trabalhador e à sua família um teor de vida condizente com a dignidade humana (PT 20). Quanto à **propriedade privada**, a encíclica reafirma o direito a possuí-la, mas recorda outra vez que a função social é inerente a esta (PT 22).

No que diz respeito à ordem sociopolítica, essa encíclica apresenta uma lista de direitos e deveres humanos (PT 11-45), fala sobre a autoridade política (PT 46-49) e define o bem comum em chave personalista, como sendo "o conjunto de todas as condições de vida social que consintam e favoreçam o desenvolvimento integral da personalidade humana" (PT 58), razão de ser do poder político.

Finalmente, o último capítulo da *Pacem in Terris* dá algumas "diretrizes pastorais" (PT 145-171), fazendo a todos os fiéis um vivo chamado à ação, inclusive somando-se àqueles que não partilham de nossa fé, mas que, como nós, desejam um mundo mais justo e fraterno, como é o caso dos socialistas. Nesse caso, a encíclica distingue entre a "ideologia", que é fixa e imutável, e os "movimentos históricos", que são dinâmicos e evoluem, em relação à ideologia de origem (PT 156-159).

Veja o que diz o Compêndio de Doutrina Social da Igreja *sobre a* Pacem in Terris:

"Com a Encíclica *Pacem in Terris*, João XXIII põe de realce o tema da paz, numa época marcada pela proliferação nuclear. A *Pacem in Terris* contém, ademais, uma primeira aprofundada reflexão da Igreja sobre os direitos; é a encíclica da paz e da dignidade humana" (*Compêndio de Doutrina Social da Igreja* 95).

Leia este trecho da Pacem in Terris:

"As linhas doutrinais aqui traçadas brotam da própria natureza das coisas e, as mais das vezes, pertencem à esfera do direito natural. A aplicação delas oferece, por conseguinte, aos católicos vasto campo de colaboração tanto com cristãos separados desta sé apostólica como com pessoas sem nenhuma fé cristã, nas quais, no entanto, está presente a luz da razão e operante a honradez natural. 'Em tais circunstâncias, procedam com atenção os católicos, de modo a serem coerentes consigo mesmos e não descerem a compromissos em matéria de religião e de moral. Mas, ao mesmo tempo, mostrem espírito de compreensão, desinteresse e disposição a colaborar lealmente na consecução de objetivos bons por natureza, ou que, pelo menos, se possam encaminhar para o bem'" (n. 156).

BLOCO 2

ENCÍCLICAS E DOCUMENTOS POSTERIORES AO CONCÍLIO VATICANO II

O Concílio Vaticano II, ocorrido entre 1962 e 1965, representou um novo Pentecostes para a Igreja. Os ensinamentos deste concílio, presentes nas constituições, decretos e declarações, representaram uma "virada" na autocompreensão da Igreja e de sua missão no mundo.

Alguns pontos são fundamentais na teologia conciliar (GONÇALVES, 2004, p. 76):

1) O primeiro foi a afirmação do primado da Palavra de Deus, acolhida na fé pelos seres humanos. Com isso, a teologia não mais menospreza a história para refletir e discursar sobre a fé, mas acolhe essa mesma história como campo da experiência humana de Deus.

2) O segundo corresponde à compreensão da Igreja. Questionou-se a concepção da Igreja como *societas perfecta* e buscou-se compreendê-la em seu mistério revelado na história.

3) O terceiro elemento foi a nova compreensão do ser humano, trazendo à tona novas orientações para a antropologia teológica. Acentuou-se o caráter sobrenatural e transcendental do ser humano a partir da valorização da dimensão histórica, corpórea, subjetiva, dinâmica e espiritual da pessoa humana. O ser humano passa a ser considerado, então, um mistério inserido no mistério divino e relacionado com ele.

4) O quarto elemento foi a formulação de uma inteligência teológica marcada pela dialética entre a história e mistério, compreendendo a salvação e sua economia global de maneira mais dinâmica e histórica.

Estes elementos da teologia do concílio estão presentes nas encíclicas e documentos sociais pós-conciliares, de tal modo que saímos de um ensinamento social de perfil filosófico-social, característica da fase pré-conciliar, passando para uma fase de doutrina social, com um acento marcadamente bíblico-teológico, o que fez a DSI situar-se no campo teologia, particularmente da teologia moral, como acentuou São João Paulo II.

O magistério social de Paulo VI

Papa/encíclica/ título/ano/ abrev.	Contexto em que foi escrita	Síntese do conteúdo	Novidade que acrescenta à DSI
Paulo VI (1963-1978), *Populorum Progressio*, 26/03/1967. O progresso dos povos. PP	Havia um contexto de desenvolvimento e subdesenvolvimento. Ao lado da euforia pelo progresso crescia a marginalização e abandono dos povos do Terceiro Mundo.	O que a encíclica pretende é transmitir uma visão ética e cristã do desenvolvimento.	Paulo VI renuncia à postura tradicional de seus predecessores, ou seja, árbitro neutro, e coloca-se ao lado dos povos subdesenvolvidos. Postula-se um desenvolvimento integral e solidário.

Alguns pontos fazem desta uma encíclica inovadora no conjunto da DSI:

1) Ela não é comemorativa da *Rerum Novarum*, embora trate de questões socioeconômicas.

2) O seu tema principal é a questão do "progresso", que na euforia da década de 1960 era compreendido somente como crescimento do poder econômico, esquecendo-se de outras dimensões do humano.

3) Outra característica marcante é que a "questão social", vista sob o prisma do "progresso", é universalizada, isto é, deixa de ser uma questão europeia e estende-se a todos os países (PP 1-5).

4) Finalmente, outro ponto de destaque nessa encíclica é a afirmação de que "desenvolvimento é o novo nome da paz" (PP 76-80).

A Encíclica *Populorum Progressio* tem algumas palavras-chave que se repetem ao longo do texto, o que evidencia sua importância. Essas *palavras* são: *ação*, *urgência* e *solidariedade* (PP 1, 3, 4, 5, 9, 11, 22, 29, 32, 44, 45, 47, 48, 53, 75, 80).

Nessa encíclica a Igreja quer transmitir uma visão ética e cristã do desenvolvimento. Por isso, ela está dividida em duas partes:

1ª parte: Desenvolvimento integral (PP 6-42). Não se pode reduzir "desenvolvimento" somente ao aspecto econômico, pois este deve ser integral, isto é, atingir todo homem, e o homem todo (PP 14). É preciso afirmar que o *ter* não é o fim último da vida humana (PP 19). O desenvolvimento é entendido como passar de condições de vida menos humanas para mais humanas (PP 20).

2ª parte: Desenvolvimento solidário (PP 43-75). Há uma responsabilidade coletiva pelo progresso do conjunto da humanidade. Por isso, necessita-se de um fundo para esta finalidade, que poderia ser tirado dos gastos com armamentos (PP 51). Enfim, para um desenvolvimento solidário é necessário colocar o supérfluo à disposição de todos (PP 48-49).

Alguns dos pontos clássicos da "questão social", como o trabalho e a propriedade privada, aparecem também nessa encíclica. Vejamos:

Trabalho: remontando-se ao Livro do Gênesis, afirma-se que o trabalho é abençoado por Deus. Ainda mais, o trabalhador é, de certa forma, um criador: debruçado sobre uma matéria que lhe resiste, o trabalhador imprime-lhe o seu cunho, enquanto para si adquire tenacidade, engenho e espírito de invenção.

Apesar deste aspecto de bênção, existe certa ambivalência no trabalho:

a) Enquanto promete dinheiro e poder, desenvolve o espírito de egoísmo, ou então aquele da caridade e consciência profissional.

b) Científico e melhor organizado, corre o perigo de desumanizar o seu executor, tornando-o escravo, pois o trabalho só é humano na medida em que permanecer inteligente e livre.

Propriedade privada: a *Populorum Progressio* inova em relação à *Rerum Novarum* na questão da propriedade privada, porque tem o ensinamento da destinação universal dos bens como ponto de partida. Lembrando a citação do Gênesis, o documento diz que a terra foi feita para fornecer a cada um os meios de subsistência e os instrumentos do progresso; portanto, todo homem tem direito a encontrar nela o que lhe é necessário. Todos os outros direitos, inclusive os de propriedade e de livre-comércio, estão subordinados a esse direito fundamental (PP 22). A propriedade privada não constitui para ninguém um direito incondicional e absoluto. Ninguém tem o direito de reservar para seu uso exclusivo aquilo que é supérfluo, quando a outro falta o necessário. O bem comum pode exigir a expropriação (PP 22-24).

Vejamos o que diz o Compêndio de Doutrina Social da Igreja *sobre essa encíclica:*

"'O desenvolvimento é o novo nome da paz', proclama solenemente Paulo VI na Encíclica *Populorum Progressio* (1967) [...]. Em particular, ela traça as coordenadas de um desenvolvimento integral do homem e de um desenvolvimento solidário da humanidade [...]. Querendo convencer os destinatários da urgência de uma ação solidária, o papa apresenta o desenvolvimento como "a passagem de condições menos humanas a condições mais humanas" e especifica as suas características. Esta *passagem* não está circunscrita às dimensões meramente econômicas e técnicas, mas implica para cada pessoa a aquisição da cultura, o respeito da dignidade dos outros, o reconhecimento dos valores supremos, e de Deus que é a origem e o termo deles. O desenvolvimento favorável a todos responde a uma exigência de justiça em escala mundial que garanta uma paz planetária e torne possível a realização de um humanismo total, governado pelos valores espirituais" (*Compêndio de Doutrina Social da Igreja* 98).

Leia este trecho da Populorum Progressio:

"Repetimos, mais uma vez: o supérfluo dos países ricos deve pôr-se ao serviço dos países pobres. A regra que existia outrora em favor dos mais próximos deve aplicar-se hoje à totalidade dos necessitados do mundo inteiro. Aliás, serão os ricos os primeiros a beneficiar-se com isso. De outro modo, a sua avareza continuada provocaria os juízos de Deus e a cólera dos pobres, com consequências imprevisíveis. Concentradas no seu egoísmo, as civilizações atualmente florescentes lesariam os seus mais altos valores, sacrificando a vontade de ser mais ao desejo de ter mais. E aplicar-se-ia a parábola do homem rico, cujas propriedades tinham produzido muito e que não sabia onde guardar a colheita: "Deus disse-lhe: néscio, nesta mesma noite virão reclamar a tua alma" (n. 49).

Outro documento social muito importante, a Octogesima Adveniens, *também é de Paulo VI:*

Papa/encíclica/ título/ano/ abrev.	Contexto em que foi escrita	Síntese do conteúdo	Novidade que acrescenta à DSI
Octogesima Adveniens, 15/04/1971. Octogésimo aniversário. OA É uma carta apostólica.	São oitenta anos da RN. Havia um intenso fervor em matéria social e política: Movimento estudantil de 1968. Anos rebeldes. Movimento dos sacerdotes pelo socialismo. Nascimento da Teologia da Libertação.	Carta endereçada ao presidente do Conselho Pontifício Justiça e Paz nos oitenta anos da RN. Pretende analisar a presença do cristão em meio às transformações sociopolíticas.	Leitura sociológica da realidade. Descentralização da reflexão da DSI. Utilização da utopia como mediação.

Esse documento social apresenta muitas singularidades em relação aos anteriores. Comecemos do óbvio: não é uma "encíclica". É uma *carta apostólica* endereçada ao Cardeal Maurice Roy, então presidente da Comissão Pontifícia de Justiça e Paz, e também do Pontifício Conselho dos

Leigos. Quanto ao fato de não ser uma encíclica, não diminui em nada seu valor, uma vez que o papa exerce o seu magistério pontifício quando tem a intenção de fazer um ensinamento para a Igreja universal, o que pode ser feito de diversas maneiras: mensagem, encíclica, exortação ou carta apostólica.

Outra singularidade é a abordagem que ela faz da realidade, de perfil mais sociológico do que propriamente doutrinal. A carta toma como variável analítica um aspecto caro à sociologia: a passagem do rural para o urbano, com todas as implicações que isso traz para as relações sociais. Sua aproximação é *indutiva* enquanto parte do real para se chegar aos princípios, em forma de um forte chamamento do cristão a transformar a realidade.

Importante é o seu conteúdo, do qual seus capítulos dão-nos uma ideia: "Os novos problemas sociais" (OA 8-21); "Aspirações fundamentais e correntes ideológicas" (OA 22-41); "Os cristãos perante novos problemas" (OA 42-47); "Apelo à ação" (OA 48-52). Depois de analisar sociologicamente os grandes desafios da realidade, a carta analisa as respostas das ideologias liberal e marxista a esses desafios, e propõe uma resposta original por meio das "utopias" (OA 37). Em seguida, fala do compromisso político dos cristãos, para encerrar com um chamado à ação.

Enfim, como notamos, embora esse documento esteja no conjunto da Doutrina Social da Igreja e seja comemorativo ao octagésimo aniversário da *Rerum Novarum*, como indica seu título, ele não se detém sobre as questões clássicas da DSI, como "trabalho", "salário" ou "propriedade privada", mas aborda problemas ligados à área sociopolítica.

Vejamos o comentário do Compêndio de Doutrina Social da Igreja *sobre esse documento social:*

"No início dos anos setenta, num clima turbulento de contestação fortemente ideológica, Paulo VI retoma a mensagem social de Leão XIII e a atualiza, por ocasião do octogésimo aniversário da *Rerum Novarum*, com a Carta Apostólica *Octogesima Adveniens*. O papa reflete sobre a sociedade pós-industrial com todos os seus complexos problemas, salientando a insuficiência das ideologias para responder a tais desafios: a urbanização, a condição juvenil, a condição da mulher, o desemprego, as discriminações, a emigração, o incremento demográfico, o influxo dos meios de comunicação social, o ambiente natural" (*Compêndio de Doutrina Social da Igreja* 100).

Leia este trecho da Octogesima Adveniens:

"Ao mesmo tempo que o progresso científico e técnico continua alterando profundamente a paisagem do homem, bem como os seus próprios modos de conhecer, de trabalhar, de consumir e de ter relações, exprime-se, cada vez mais nítida, nestes novos contextos, uma dupla aspiração, mais viva à medida que se desenvolvem a sua informação e a sua educação: a aspiração à igualdade e a aspiração à participação; trata-se de dois aspectos da dignidade do homem e da sua liberdade" (n. 22).

O magistério social de João Paulo II

O pontificado de João Paulo II foi um dos mais longos da história, sendo ele também um dos pontífices que mais escreveu, sobre os mais diversos temas. No que tange à DSI, ele a enriqueceu não somente com três encíclicas sociais, mas também com alguns conceitos que merecem destaque:

O conceito de Doutrina Social da Igreja: Enquanto na Igreja falava-se em "ensino social" e "pensamento social", João Paulo retoma a terminologia "Doutrina Social da Igreja", utilizada por Pio XII, apresentando a DSI como teologia, e teologia moral (*Sollicitudo Rei Socialis* 41).

Doutrina Social da Igreja e evangelização: Em sua visita ao Haiti, em 1983, João Paulo II lançou a expressão "Nova Evangelização": em seu *ardor*, em seu *método* e em seu *conteúdo*. A cultura ocidental tem uma matriz cristã, mas está revestida de um neopaganismo com os ídolos do ter, poder e prazer. A partir disso, apresenta a DSI como sendo um "conteúdo essencial da nova evangelização" (CA 5), para chegar ao coração da cultura.

A centralidade do ser humano: Este é um traço marcante de seu magistério, indicado em sua encíclica programática *Redemptor Hominis*, onde afirma que "todos os caminhos da Igreja levam ao homem" (n. 14).

O conceito de "solidariedade": Este é o fio condutor de seu magistério social, e a grande contribuição que deixou para a DSI.

Encíclicas sociais: Em suas encíclicas sociais encontramos uma continuidade dos ensinamentos da DSI, seja abordando seus temas clássicos, seja introduzindo novos.

Papa/encíclica/título/ano/abrev.	Contexto em que foi escrita	Síntese do conteúdo	Novidade que acrescenta à DSI
João Paulo II (1978-2005), *Laborem Exercens*, 14/05/1981. O trabalho humano. LE	São noventa anos da RN. Havia uma crise no mundo capitalista, caracterizando a década de 1980 como "perdida". O desemprego começa a ser visto como estrutural. Cresce e afirma-se o movimento operário na Polônia através do sindicato "Solidariedade".	É um documento comemorativo dos noventa anos da RN. A encíclica alarga as perspectivas da DSI, enfatizando a centralidade do trabalho humano. A partir da categoria "trabalho" são tratados outros aspectos da vida econômica: o trabalho e homem, confronto capital/trabalho, direitos do homem ao trabalho, espiritualidade do trabalho.	Faz do trabalho a "chave" para entender a questão social. O papa faz largo uso da Sagrada Escritura (como ponto de partida, não como justificativa).

A primeira encíclica social de João Paulo II é comemorativa aos noventa anos da *Rerum Novarum* e dirige-se a uma problemática central da "questão social", que é o "trabalho". Para a encíclica, essa é uma dimensão fundamental da existência do homem na terra (LE 4), conforme o mandamento bíblico (Gn 1,27-28).

A LE toma o trabalho humano como uma questão sempre atual e perene. Desde o início da criação, Deus confiou ao homem a tarefa de dominar a terra (Gn 1,28). Por sua vez, Jesus foi modelo do trabalhador, nos anos que conviveu com sua família. O trabalho humano é uma vocação para transformar o mundo. É um serviço em que o amor aos irmãos se desenvolve e no qual a criatura se realiza, contribuindo incessantemente para a humanização da sociedade. O homem, portanto, aperfeiçoa-se através do trabalho quando o torna meio de santificação, de oração e de participação na obra da criação e da redenção.

O *trabalho* é definido como uma atividade transitiva, própria e exclusiva do ser humano, pela qual cumpre o mandamento divino de dominar a terra, e por meio da qual satisfaz as suas necessidades, aperfeiçoa a natureza, realiza-se como ser humano e como criatura feita à imagem de Deus (LE 4). Ele tem dois sentidos:

1) Sentido objetivo: é a técnica (LE 5). Aliada do homem, tem um caráter instrumental; pode, no entanto, transformar-se em adversária (LE 5).

2) Sentido subjetivo: o homem que trabalha. O valor ético do trabalho está relacionado com a pessoa que trabalha; este é o miolo fundamental da doutrina cristã sobre o trabalho humano (LE 6).

Uma questão importante é a valorização do trabalho, que é mais importante que o capital. Na época da RN, eram os meios de produção. Hoje, na era pós-industrial, é o dinheiro especulativo, que migra de um lado para o outro do mundo somente para auferir lucros, não para gerar trabalho. A esse respeito, a encíclica denuncia um certo "economismo", que contradiz a prioridade do sentido subjetivo do trabalho sobre o objetivo, pois o considera como uma mercadoria, valorizando o capital (LE 8).

Alguns princípios éticos da *Laborem Exercens*:

• O homem é sujeito e fim de todo processo econômico.

• A importância do trabalho em sua dimensão subjetiva.

• O trabalho tem prioridade sobre o capital.

• Existe uma vinculação íntima entre trabalho e capital.

• Qualquer sistema de propriedade deve servir ao destino universal dos bens.

Nem o capitalismo rígido nem o coletivismo seguem esses postulados éticos, porque o sistema de propriedade neles institucionalizado não garante que o trabalhador atue como pessoa.

Outros pontos particulares da *Laborem Exercens*:

SALÁRIO: A LE ensina que o salário se inscreve no âmbito das relações entre doador direto de trabalho (empresa) e o trabalhador. Esta é uma questão-chave da ética social. No contexto atual, não há maneira mais importante para realizar a justiça nas relações entre trabalhadores e doadores de trabalho, do que aquela que se concretiza na remuneração do mesmo trabalho. Esta remuneração permanece o meio concreto pelo qual a grande maioria dos homens pode ter acesso àqueles bens que estão destinados ao uso comum, quer se trate dos bens da natureza, quer daqueles que são frutos da produção. O justo salário se torna, então, a verificação concreta da justiça de cada sistema socioeconômico e, em qualquer hipótese, do seu justo funcionamento. Outro meio de verificação é a família, pois ele deve ser suficiente para fundar e mantê-la dignamente (n. 19).

PROPRIEDADE PRIVADA: A LE afirma que a doutrina da Igreja sobre a propriedade privada diverge tanto do marxismo quanto do capitalismo. Nesse último caso, está no modo de entender esse direito, pois a tradição cristã nunca defendeu o direito de propriedade como algo absoluto e intocável. O direito à propriedade privada está subordinado ao direito ao uso comum, à destinação universal dos bens.

A propriedade privada adquire-se, primeiro que tudo, pelo trabalho e para servir ao trabalho. Os meios de produção não podem ser possuídos *contra* o trabalho, como também não podem ser possuídos simplesmente por *possuir*, porque o único título legítimo para a sua posse é que sirvam ao trabalho. É inaceitável a posição do capitalismo rígido, que defende o direito exclusivo da propriedade privada dos meios de produção, como um dogma intocável na vida econômica. Por outro lado, também, não basta passar a propriedade privada para as mãos do Estado, o que em si não garante a socialização.

ESTADO: É chamado na LE de dador de trabalho indireto, porque deve conduzir uma justa política de emprego. Esse conceito de dador de trabalho indireto se refere às pessoas, às instituições de diversos tipos, bem como os contratos coletivos de trabalho e os princípios de comportamento, que, estabelecidos por essas pessoas ou instituições, determinam todo o sistema socioeconômico ou dele resultam.

Vejamos o que diz o Compêndio de Doutrina Social *sobre a* Laborem Exercens:

"Noventa anos depois da *Rerum Novarum* João Paulo II dedica a Encíclica *Laborem Exercens* ao *trabalho*: bem fundamental para a pessoa, fator primário da atividade econômica e chave de toda a questão social. A *Laborem Exercens* delineia uma espiritualidade e uma ética do trabalho, no contexto de uma profunda reflexão teológica e filosófica. O trabalho não deve ser entendido somente em sentido objetivo e material, mas há que se levar em conta a sua dimensão subjetiva, enquanto atividade que exprime sempre a pessoa. Além de ser o paradigma decisivo da vida social, o trabalho tem toda a dignidade de um âmbito no qual deve encontrar realização a vocação natural e sobrenatural da pessoa" (*Compêndio de Doutrina Social da Igreja* 101).

Leia este trecho da Laborem Exercens:

"Ao voltarmos no presente documento uma vez mais a este problema – sem ter a intenção, aliás, de tocar todos os temas que lhe dizem respeito – não é tanto para coligir e repetir o que já se encontra contido nos ensinamentos da Igreja, mas sobretudo para pôr em relevo – possivelmente mais do que foi feito até agora – o fato de que o trabalho humano é uma chave, provavelmente a chave essencial, de toda a questão social, se nós procurarmos vê-la verdadeiramente sob o ponto de vista do bem do homem. E se a solução – ou melhor, a gradual solução – da questão social, que continuamente se reapresenta e se vai tornando cada vez mais complexa, deve ser buscada no sentido de tornar a vida humana mais humana, então por isso mesmo a chave, que é o trabalho humano, assume uma importância fundamental e decisiva" (n. 3).

Em continuidade, outra importante encíclica de João Paulo II é a Sollicitudo Rei Socialis:

Papa/encíclica/ título/ano/ abrev.	Contexto em que foi escrita	Síntese do conteúdo	Novidade que acrescenta à DSI
Sollicitudo Rei Socialis, 30/12/1987. A solicitude social da Igreja. SRS	São vinte anos da PP. No entanto, cresceram a pobreza e marginalização do Terceiro Mundo. Formam-se grandes blocos econômicos.	Uma análise geoeconômica da realidade, apresentando o crescimento do fosso Norte/Sul. O sentido, as condições e as exigências para um autêntico desenvolvimento.	A PP como ponto de referência para as comemorações. Uma leitura geopolítica do desenvolvimento. O apelo à opção preferencial pelos pobres. Estrutura de pecado e pecado social. O conceito de solidariedade.

Esse documento não é comemorativo da *Rerum Novarum,* mas da *Populorum Progressio,* em seu vigésimo aniversário. Nela vem enriquecido o conceito de progresso, indo além do que havia ensinado Paulo VI. São João Paulo II faz uma reflexão nitidamente ético-teológica sobre a questão do desenvolvimento, denunciando as estruturas de pecado que geram a miséria. Propõe a "solidariedade" como o novo nome da paz, enquanto Paulo VI havia dito na *Populorum Progressio* que "desenvolvimento" era o seu novo nome.

Alguns pontos merecem destaque neste documento:

1) Questão da interdependência: A encíclica parte do princípio de que existe uma interdependência entre todos os seres humanos. Quando esta é assumida como uma categoria ética, temos a solidariedade. Caso contrário, teremos a hegemonia do mais forte sobre o mais fraco.

2) Uma leitura geopolítica: Não mais uma leitura ideológica da realidade, a partir do leste/oeste (capitalismo/comunismo), mas sim geopolítica, a partir do sul pobre e do norte rico.

3) Uma análise estrutural: O subdesenvolvimento do Sul não é natural, mas causado pela maneira como o mundo está organizado. Existem mecanismos econômicos, financeiros e industriais que geram pobreza e exclusão. Existe uma relação causal entre riqueza e pobreza (SRS 14, 16).

4) Um novo conceito de desenvolvimento: Chama a atenção para um falso otimismo mecanicístico, que fazia do desenvolvimento um processo retilíneo, quase automático e ilimitado. Essa ideia, segundo ele, está ligada a uma concepção de progresso de tipo iluminístico (SRS 27). São João Paulo II rebate essa visão unilateral do desenvolvimento e sublinha o ensinamento de seus predecessores a esse respeito, isto é, que o desenvolvimento não pode ser medido somente por estatísticas que mostram algum crescimento econômico, mas por um efetivo melhoramento do nível de vida de todos os seres humanos em todas as suas dimensões. Esta é a chave de leitura para o conceito de desenvolvimento em São João Paulo II (SRS 29).

5) O conceito de solidariedade: Essa não é uma opção a ser feita em nome de um humanitarismo mais ou menos consciente, mas é fruto de uma interdependência que se acentua mais e mais entre os estados. Não é meramente um "sentimento de vaga compaixão ou de superficial sensibilidade pelos males de tantas pessoas, próximas ou distantes" (SRS 38). Seria muito fácil tomá-la sob esse aspecto sentimental. O que significa essa palavra é algo mais. "Ao contrário, é a *determinação firme e perseverante* de se empenhar pelo *bem comum*, ou seja, pelo bem de todos e de cada um, porque todos somos realmente responsáveis uns pelos outros" (SRS 38).

6) Um novo conceito de Doutrina Social da Igreja: São João Paulo II situa a DSI no âmbito da Teologia, particularmente da Teologia Moral (SRS 41).

Vejamos o que o Compêndio de Doutrina Social da Igreja *fala sobre essa encíclica:*

"Com a Encíclica *Sollicitudo Rei Socialis*, João Paulo II comemora o vigésimo aniversário da *Populorum Progressio* e aborda novamente o tema do desenvolvimento, para sublinhar dois dados fundamentais: por um lado, a situação dramática do mundo contemporâneo, sob o aspecto do desenvolvimento que falta no Terceiro Mundo, e, por outro lado, o sentido, as condições e as exigências dum desenvolvimento digno do homem. A encíclica introduz a diferença entre progresso e desenvolvimento e afirma que o verdadeiro desenvolvimento não pode limitar-se à multiplicação dos bens e dos serviços, isto é, àquilo que se possui, mas deve contribuir para a plenitude do 'ser' do homem. Desse modo pretende-se delinear com clareza a natureza moral do verdadeiro desenvolvimento. João Paulo II, evocando o mote do pontificado de Pio XII, *Opus Iustitiae Pax*, a paz como fruto da justiça, comenta: 'Hoje poder-se-ia dizer, com a mesma justeza e com a mesma força de inspiração bíblica' (cf. Is 32,17; Tg 3,18), *Opus Solidarietatis Pax*, a paz como fruto da solidariedade" (*Compêndio de Doutrina Social da Igreja* 102).

Leia este trecho da Sollicitudo Rei Socialis*:*

"A primeira verificação negativa a fazer é a da persistência e, muitas vezes, a do alargamento, do fosso entre a área do chamado Norte desenvolvido e a do Sul em vias de desenvolvimento. Essa terminologia geográfica tem apenas valor indicativo, porque não se pode ignorar que as fronteiras da riqueza e da pobreza passam pelo interior das próprias sociedades, quer desenvolvidas, quer em vias de desenvolvimento. De fato, assim como existem desigualdades sociais até aos extremos da miséria em países ricos, assim, em contraposição, nos países menos desenvolvidos também se veem, não raro, manifestações de egoísmo e de ostentação de riqueza, tão desconcertantes quanto escandalosas. À abundância de bens e de serviços disponíveis em algumas partes do mundo, sobretudo no Norte desenvolvido, corresponde um inadmissível atraso no Sul; e é precisamente nesta faixa geopolítica que vive a maior parte do gênero humano" (n. 14).

A terceira e última encíclica social de João Paulo II, a Centesimus Annus, *celebrou o centenário da* Rerum Novarum*:*

Papa/encíclica/ título/ano/ abrev.	Contexto em que foi escrita	Síntese do conteúdo	Novidade que acrescenta à DSI
Centesimus Annus, 01/05/1991. Cem anos. CA	São cem anos da RN. Queda do Muro de Berlim (1989). O capitalismo "de olho" nos países do Leste Europeu. O afirmar-se de identidades nacionais. A última década do milênio.	Ponto de partida: as coisas novas de hoje. Uma análise dos fatos de 1989. Reflexão sobre o mercado, democracia e cultura.	Leitura ético-ideológica do capitalismo. A maneira como vem apresentada a "opção" pelo mercado.

Celebram-se os 100 anos da *Rerum Novarum*, cujo título fazia referência ao início do processo de industrialização. Eram as "coisas novas" (*rerum novarum*) daquele período histórico. Quais seriam as "coisas novas" de hoje? São João Paulo II procura responder a esta questão nos capítulos I, II e III. No capítulo IV aborda as questões mais especificamente econômicas, e no capítulo V as questões políticas.

Pontos de destaque

Trabalho: Refletindo sobre a Encíclica de Leão XIII, ele diz que a chave de leitura do texto leonino é a dignidade do trabalhador enquanto tal e, por isso mesmo, a dignidade do trabalho. Depois se refere à dimensão pessoal e social do trabalho, acentuadas por Leão XIII. Retoma ainda alguns outros pontos da RN, tais como salários dignos e horários humanos.

Capital: João Paulo II retoma alguns tópicos da RN para demonstrar que Leão XIII já havia enfrentado em seu tempo o conflito capital/trabalho, que ele chamava de "questão operária". A esse propósito ele apresentou algumas indicações, tais como aquelas da dignidade do trabalho e do trabalhador, que permanecem válidas até hoje (CA 5). Falando de luta e empenho pela justiça, a encíclica enfatiza que é justo falar de "luta contra um sistema econômico", entendido como prevalência absoluta do capital, da posse dos meios de produção e da terra, relativamente à livre-subjetividade do trabalho do homem. Nessa luta não se veja como alternativa o socialismo (CA 35).

Salário: Retorna-se ao ensinamento da *Rerum Novarum* sobre a dupla dimensão do trabalho, *pessoal* e *necessário*. Reafirma-se o ensinamento de que, enquanto *necessário* para a subsistência, o salário deve ser tal a garantir um nível de vida digno, de sustentar o trabalhador e sua família.

A encíclica salienta que, apesar de tantas convenções trabalhistas nacionais e internacionais, ainda temos hoje situações como aquelas do "capitalismo selvagem" do tempo da *Rerum Novarum*, no qual o trabalhador é obrigado a aceitar um salário que não atende às suas reais necessidades (CA 8). Uma das funções do Estado, na esteira do ensinamento da *Rerum Novarum*, é exatamente assegurar níveis salariais adequados ao sustento do trabalhador e de sua família, função também importante dos sindicatos.

Propriedade: A encíclica recorda a doutrina tradicional da Igreja, desde a *Rerum Novarum*, sobre o direito natural à propriedade privada, e ao mesmo tempo sobre as responsabilidades que pesam sobre esse direito. Depois, fala da origem de todos os bens, que é o ato criador de Deus. Ele criou tudo para todos, sem privilegiar ninguém, como ensina o pensamento patrístico da destinação universal dos bens. É através do seu trabalho e inteligência que o homem consegue transformar a terra e estabelecer nela sua morada. Assim, o trabalho está na origem da propriedade individual. Acena-se ainda sobre a necessidade de não se impedir que outros tenham acesso a esse direito; muito pelo contrário, deve se fomentar esse direito para todos. Fala-se de um novo tipo de propriedade em nossos tempos, que é aquele da "técnica" e do "saber". A riqueza das nações industrializadas fundamenta-se no monopólio deste *know how*, que não é repartido com outras nações (CA 30ss.).

Mercado: Embora a ideologia neoliberal acentue o contrário, a encíclica *Centesimus Annus* ensina que o mercado não é total, mas tem limites:

a) O mercado só é viável para quem tem a oferecer, deixando fora os que não podem entrar no sistema de empresa (n. 33).

b) O mercado vale somente para as realidades solvíveis, passíveis de serem vendidas e compradas. Existem porém necessidades humanas fundamentais que não entram nessa categoria e que devem ser respondidas fora do sistema de mercado (n. 34).

c) Existem necessidades coletivas e qualitativas às quais o mercado não pode responder (n. 40).

O mercado é, pois, um mecanismo idôneo, mas com limitações que é preciso suprir. A Igreja reconhece a positividade do mercado e da empresa, mas esses devem estar orientados para o *bem comum*. Existem, portanto, outros critérios que vão além dos técnico-econômicos, para regular o mercado.

Estado e economia: A atividade econômica não pode desenvolver-se num vazio institucional. Eis então uma primeira função do Estado: garantir a segurança de quem trabalha e produz. Outra tarefa do Estado é vigiar e orientar o exercício dos Direitos Humanos no setor econômico; nesse campo, entretanto, a primeira responsabilidade não é do Estado, mas dos indivíduos e diversos grupos que se articulam na sociedade. Pode ainda o Estado intervir quando situações particulares de monopólio criem atrasos ou obstáculos ao desenvolvimento. Pode também exercer uma função de suplência quando setores sociais ou sistemas de empresas se mostram inadequados à sua missão.

Conteúdo concreto do papel do Estado:

1º) Determinar o marco jurídico dentro do qual se desenvolvem as relações econômicas e salvaguardar as condições fundamentais para uma economia livre (n. 15, 25).

2º) Garantir a igualdade de condições dos distintos agentes econômicos (n. 15, 48). Perante a lei e, principalmente, na hora da negociação dos contratos, mas não igualitarismo na distribuição das rendas ou de um critério de redistribuição das mesmas.

3º) Tutelar os direitos de nível superior: protegendo a liberdade de todos (n. 44), zelando pelo exercício de Direitos Humanos no campo econômico (n. 48).

4º) Prover os "bens públicos": sistema monetário estável, serviços públicos eficientes, segurança jurídica (n. 48), defesa e tutela dos bens coletivos, tais como o ambiente humano e a natureza (n. 40).

5º) Uma presença de suporte e suplência da iniciativa privada, segundo o princípio de subsidiariedade (n. 48).

No conjunto, as tarefas do Estado na *Centesimus Annus* são mais amplas do que lhe atribuem alguns economistas neoliberais, mas também mais restritiva do que as que desejariam os de perfil socialista.

Vejamos o que diz o Compêndio de Doutrina Social da Igreja *sobre a* Centesimus Annus:

"No centésimo aniversário da *Rerum Novarum*, João Paulo II promulga a sua terceira encíclica social, a *Centesimus Annus*, da qual emerge a continuidade doutrinal de cem anos de magistério social da Igreja. [...] João Paulo II realça como o ensinamento social da Igreja corre ao longo do eixo da reciprocidade entre Deus e o homem: reconhecer a Deus em cada homem e cada homem em Deus é a condição de um autêntico desenvolvimento humano. A análise articulada e aprofundada das *res novæ*, e especialmente a grande guinada de 1989, com a derrocada do sistema soviético, contém um apreço pela democracia e pela economia livre, no quadro de uma indispensável solidariedade" (*Compêndio de Doutrina Social da Igreja* 103).

Leia este trecho da Centesimus Annus:

"Tanto em nível de cada nação como no das relações internacionais, o livre-mercado parece ser o instrumento mais eficaz para dinamizar os recursos e corresponder eficazmente às necessidades. Isto, contudo, vale apenas para as necessidades 'solvíveis', que gozam da possibilidade de aquisição, e para os recursos que são 'comercializáveis', isto é, capazes de obter um preço adequado. Mas existem numerosas carências humanas sem acesso ao mercado. É estrito dever de justiça e verdade impedir que as necessidades humanas fundamentais permaneçam insatisfeitas e que pereçam os homens por elas oprimidos. Além disso, é necessário que esses homens mais carentes sejam ajudados a adquirir os conhecimentos, a entrar no círculo de relações, a desenvolver as suas aptidões, para melhor valorizar as suas capacidades e recursos. Ainda antes da lógica da comercialização dos valores equivalentes e das formas de justiça, que lhe são próprias, existe algo que é devido ao homem porque é homem, com base na sua eminente dignidade. Esse algo que é devido comporta inseparavelmente a possibilidade de sobreviver e de dar um contributo ativo para o bem comum da humanidade" (n. 34).

O magistério social de Bento XVI

A doutrina social do papa emérito Bento XVI está inserida dentro de um outro paradigma. Se até aqui tínhamos o paradigma ético-tomista, agora pode-se falar de um paradigma agostiniano, pois o tema da *caridade*, que é tão caro ao pensamento de Santo Agostinho, o é também nas encíclicas deste papa. Esta preferência se inscreve dentro do perfil teológico de Joseph Ratzinger (TERRA, 2006):

a) Em 1953 ele obteve o doutorado com a tese *Povo e casa de Deus na doutrina da Igreja, de Santo Agostinho*.

b) Em 1957 ele obteve a habilitação para docência com a dissertação *A teologia da história em São Boaventura*. É conhecido que esse santo, contemporâneo de Santo Tomás, distinguiu-se por defender as teses da teologia agostiniana, em relação à filosofia aristotélica, que começava a entrar através do aquinate.

c) No brasão pontifício, em sua parte central, encontra-se uma concha, em referência ao episódio do encontro de Agostinho com um menino que, com uma conchinha, enchia um buraquinho na areia, falando sobre o mistério da Trindade (http://w2.vatican.va/content/benedict-xvi/pt/elezione/documents/stemma-benedict-xvi.html).

Outro tema importante para esse pontífice é o da "Verdade". Ao ser eleito para arcebispo de Munique, escolheu como lema: "Colaborador da verdade". Ele mesmo explicou o motivo dessa escolha: "Parecia-me, por um lado, encontrar nele a ligação entre a tarefa anterior de professor e a minha nova missão; o que estava em jogo, e continua a estar – embora com modalidades diferentes –, é seguir a verdade, estar ao seu serviço. E, por outro, escolhi este lema porque, no mundo atual, omite-se quase totalmente o tema da verdade, parecendo algo demasiado grande para o homem; e, todavia, tudo se desmorona se falta a verdade" (http://www.vatican.va/news_services/press/documentazione/documents/santopadre_biografie/benedetto_xvi_biografia_breve_po.html).

A encíclica social de Bento XVI é Caritas in Veritate:

Papa/encíclica/ título/ano/ abrev.	Contexto em que foi escrita	Síntese do conteúdo	Novidade que acrescenta à DSI
Bento XVI (2005-), *Caritas in Veritate*, 29/06/2009. A caridade na verdade. CV	Crise econômica mundial. Novas tecnologias. Crise energética.	Uma releitura da PP a partir da crise econômica mundial. Atualiza os ensinamentos da PP sobre o desenvolvimento.	Um novo paradigma. Nova definição da DSI. Questões atuais de ecologia.Crise energética.

Essa encíclica social não é comemorativa da *Rerum Novarum*, mas dos quarenta anos da *Populorum Progressio* (1967), embora sua publicação tenha sido atrasada, por causa da crise econômica mundial de 2007, saindo somente em 2009. A encíclica traz em seu título o binômio *Caritas* e *veritate*. Expliquemos:

A caridade: A temática da *caridade* ocupou uma centralidade no magistério de Bento XVI. Sua primeira encíclica, promulgada em 25 de dezembro de 2005, foi denominada significativamente *Deus Caritas Est*, denotando o sentido teológico de seu pontificado, que iria se desdobrar nas virtudes teologais da esperança e da caridade, aplicadas à vida cristã, que devem estar presentes no mundo e na humanidade.

Esse amor agápico cristão é essencial na vida da Igreja, estando o serviço da caridade ao lado do dever de anunciar a Palavra de Deus e de celebrar os sacramentos. Assim, para a Igreja, a caridade não pode ser entendida como ações pontuais, de caráter de assistência social, como de fato existe na vida eclesial, para atender as necessidades emergenciais, mas pertence à sua natureza, é expressão irrenunciável de sua própria essência, quase se reportando à palavra de Jesus dirigida aos seus discípulos na véspera de sua paixão: "Nisto reconhecerão todos que sois meus discípulos: se tiverdes amor uns aos outros" (Jo 13,35).

As implicações da caridade para a construção da sociedade se fazem a partir de um viés prático, não se remetendo a considerações de ordem teórica. A caridade, ou o agápico cristão, deve caracterizar a vida dos fiéis, sendo propriamente o que os distingue de outros atores sociais, não somente em sua vida pessoal, mas também profissional, econômica e política. Assim, o serviço da caridade em ordem à instauração da justiça, que ele reputa como objeto da política, é de competência dos leigos, agindo aqui a Igreja indiretamente. O papa distingue, de outro lado, as ações ou estruturas caritativas, que visam responder às necessidades imediatas dos sofredores, na linha do bom samaritano, sendo uma caridade organizada. Nessa atividade, a Igreja não atua indiretamente, mas imediatamente, como diretamente responsável.

A caridade não se restringe somente às microrrelações, mas assume uma dimensão macrossocial, abrangendo também os relacionamentos sociais, econômicos e políticos. O pontífice reconhece que em nossos tempos a "caridade" se esvaziou de sentido, e por isso é malcompreendida e excluída da vida ética, ou não suficientemente valorizada.

A verdade: Esta palavra é uma referência a Ef 4,16. Esse versículo está dentro de uma secção maior, que abrange 4,1-16. Temos nesse trecho uma exortação parenética, concentrada essencialmente na exortação à unidade, por meio do amor. Parece que o autor está mais preocupado em redescobrir as motivações profundas do agir cristão do que em determinar, de modo detalhado, as regras da práxis cristã.

A *verdade* é apresentada como a luz que dá sentido e valor à caridade. "Essa luz é simultaneamente a da *razão* e a da *fé*, através das quais a inteligência chega à verdade natural e sobrenatural da caridade: identifica o seu significado de doação, acolhimento e comunhão". Entende o pontífice que a referência à verdade põe os homens em torno não de opiniões e de subjetivismos, mas os faz se encontrarem na avaliação do valor da substância das coisas. Articulando-se a DSI em torno da "verdade", enfraquece-se um elemento importante para o diálogo com os não crentes, que era a "lei natural" e o "direito natural". Essa verdade, a qual alude o pontífice, tem uma ligação primária com Deus, daí ser impossível construir a sociedade sem a referência a esse princípio supremo.

Alguns pontos importantes

Essa encíclica é bastante densa, com seis capítulos distribuídos em 79 parágrafos. Dessa maneira, veremos somente alguns pontos ligados à questão do desenvolvimento, que é o foco central da encíclica.

O desenvolvimento: O quadro do desenvolvimento é *policêntrico*. Os atores e as causas tanto do subdesenvolvimento como do desenvolvimento são múltiplas, as culpas e os méritos são diferenciados. Nos países ricos novas categorias sociais empobrecem e nascem novas pobrezas. Em áreas mais pobres alguns grupos gozam de uma espécie de superdesenvolvimento dissipador e consumista que contrasta, de modo inadmissível, com perduráveis situações de miséria desumanizadora (CV 22). Existem causas imateriais para o subdesenvolvimento, como é o caso da propriedade intelectual dos países ricos (*know how*), que não repartem a tecnologia. O quadro atual se agrava em relação ao tempo de Paulo VI por causa da "deslocalização" da produção e do capital, em busca de mercados onde possam auferir mais lucros. Atualmente o Estado encontra-se na situação de ter que enfrentar as limitações que são impostas à sua soberania pelo novo contexto econômico comercial e financeiro internacional, caracterizado nomeadamente por uma crescente mobilidade dos capitais financeiros e dos meios de produção materiais e imateriais. Este novo contexto alterou o poder político dos estados.

Cooperação internacional para o desenvolvimento: Outra questão abordada pelo pontífice se refere à cooperação internacional para o desenvolvimento. Às vezes sucede que o destinatário das ajudas seja instrumentalizado por quem o ajuda e que os pobres sirvam para manter de pé dispendiosas organizações burocráticas que reservam para a sua própria conservação percentagens demasiado elevadas dos recursos que, ao invés, deveriam ser aplicados no desenvolvimento. Nesta perspectiva, seria desejável que todos os organismos internacionais e as organizações não governamentais se comprometessem a uma plena transparência, informando aos doadores e à opinião pública acerca da percentagem de fundos recebidos destinada aos programas de cooperação, acerca do verdadeiro conteúdo de tais programas e, por último, acerca da configuração das despesas da própria instituição (CV 47).

A problemática energética: A absorção dos recursos energéticos não renováveis por parte de alguns estados, grupos de poder e empresas constitui um grave impedimento para o desenvolvimento dos países pobres. Estes não têm os meios econômicos para chegar às fontes energéticas não renováveis que existem nem para financiar a pesquisa de fontes novas e alternativas. A monopolização dos recursos naturais, que em muitos casos se encontram precisamente nos países pobres, gera exploração e frequentes conflitos entre as nações e dentro das mesmas. E muitas vezes esses conflitos são travados precisamente no território de tais países, com um pesado balanço em termos de mortes, destruições e maior degradação. A comunidade internacional tem o imperioso dever de encontrar as vias institucionais para regular a exploração dos recursos não renováveis, com a participação também dos países pobres, de modo a planificar em conjunto o futuro. Há aqui a necessidade de uma renovada solidariedade: as sociedades desenvolvidas devem diminuir seu consumo energético, seja por causa das novas tecnologias, quanto pela consciência de seus cidadãos. Há necessidade de pesquisa e investimentos em novas matrizes energéticas, mas também de uma redistribuição dos recursos existentes, para que os países desprovidos possam ter acesso aos mesmos (CV 48-49).

A atividade econômica: Não pode resolver todos os problemas sociais por meio da simples extensão da *lógica mercantil*. Esta há de ter como *finalidade a prossecução do bem comum*, do qual se deve ocupar também e sobretudo a comunidade política. Por isso, tenha-se presente que é causa de graves desequilíbrios separar o agir econômico – ao qual competiria apenas produzir riqueza – do agir político, cuja função seria buscar a justiça através da redistribuição.

A Doutrina Social da Igreja considera possível viver relações autenticamente humanas de amizade e camaradagem, de solidariedade e reciprocidade, mesmo no âmbito da atividade econômica e não apenas fora dela ou "depois" dela. A área econômica não é eticamente neutra nem de natureza desumana e antissocial. Pertence à atividade do homem; e, precisamente porque humana, deve ser eticamente estruturada e institucionalizada (CV 36).

Economia e moral: A Doutrina Social da Igreja sempre defendeu que a justiça diz respeito a todas as fases da atividade econômica, porque esta sempre tem a ver com o homem e com as suas exigências. A captação dos recursos, os financiamentos, a produção, o consumo e todas as outras fases do ciclo econômico têm inevitavelmente implicações morais. Deste modo cada decisão econômica tem consequências de caráter moral. A vida econômica tem, sem dúvida, necessidade do contrato, para regular as relações de transação entre valores equivalentes; mas precisa igualmente de leis justas e de formas de redistribuição guiadas pela política, para além de obras que tragam impresso o espírito do dom. A economia globalizada parece privilegiar a primeira lógica, ou seja, a da transação contratual, mas direta ou indiretamente dá provas de necessitar também das outras duas: a lógica política e a lógica do dom sem contrapartida (CV 37).

Leia este trecho da Caritas in Veritate:

"[...] Em primeiro lugar, a justiça. *Ubi societas, ibi ius*: cada sociedade elabora um sistema próprio de justiça. *A caridade supera a justiça*, porque amar é dar, oferecer ao outro do que é 'meu'; mas nunca existe sem a justiça, que induz a dar ao outro o que é 'dele', o que lhe pertence em razão do seu ser e do seu agir. Não posso 'dar' ao outro do que é meu sem antes lhe ter dado aquilo que lhe compete por justiça. Quem ama os outros com caridade é, antes de mais nada, justo para com eles. A justiça não só não é alheia à caridade, não só não é um caminho alternativo ou paralelo à caridade, mas é 'inseparável da caridade, é-lhe intrínseca'. A justiça é o primeiro caminho da caridade ou, como chegou a dizer Paulo VI, a 'medida mínima' dela, parte integrante daquele amor 'por ações e em verdade' (1Jo 3,18) a que nos exorta o Apóstolo João. Por um lado, a caridade exige a justiça: o reconhecimento e o respeito dos legítimos direitos dos indivíduos e dos povos. Aquela empenha-se na construção da 'cidade do homem' segundo o direito e a justiça. Por outro, a caridade supera a justiça e completa-a com a lógica do dom e do perdão. A 'cidade do homem' não se move apenas por relações feitas de direitos e de deveres, mas antes e sobretudo por relações de gratuidade, misericórdia e comunhão. A caridade manifesta sempre, mesmo nas relações humanas, o amor de Deus; dá valor teologal e salvífico a todo o empenho de justiça no mundo" (n. 6).

O ensino social do Papa Francisco

Papa/encíclica/título/ano/abrev.	Contexto em que foi escrita	Síntese do conteúdo	Novidade que acrescenta à DSI
Francisco (2013-...) *Laudato Si'* 24/05/2015 Louvado Sejas. LS.	-Crescimento da desigualdade mundial. -Violência no Oriente Médio. -Produção e consumo insustentáveis. -Crise energética. -Aquecimento global.	Ver (Cap. I) = Um olhar científico sobre a questão ambiental. Julgar (Cap. II a IV) = Um olhar à luz das Sagradas Escrituras, principalmente da prática de Jesus. Agir e Celebrar (Cap. V e VI) = Políticas globais. Espiritualidade e conversão ecológicas.	-Foi a primeira que um pontífice abordou a questão ecológica dentro de uma perspectiva integral. Novo paradigma: tudo está entrelaçado. -Apresenta o ensino das conferências episcopais de diversas partes do mundo no que se refere à questão ambiental. -Traz o ensino ecológico do Patriarca Bartolomeu I. -Necessidade de novos hábitos de produção e de consumo.

Em 2015 o Papa Francisco apresentou ao mundo a Encíclica *Laudato Si'* sobre o cuidado da casa comum. O título deste documento remete ao Cântico das Criaturas, de São Francisco de Assis, onde o santo louva o Criador pelas belezas da natureza.

Este documento foi recebido com apreço pela opinião pública internacional e saudado pela imprensa como uma 'encíclica verde', isto é, um documento que trataria de questões ligadas à ecologia. No entanto, o Papa Francisco fez questão de enfatizar que essa é uma encíclica que pertence ao patrimônio da Doutrina social da Igreja. Ela trata, sim, da questão ambiental, mas enquanto relacionada com a questão social (LS 92).

Na Unidade 4, Bloco 7, quando olharmos algumas questões atuais da DSI voltaremos a tratar da *Laudato Si'*.

Alguns pontos a serem destacados no magistério social do Papa Francisco.

Além da Encíclica *Laudato Si'*, podemos tomar outras fontes do pensamento social do Papa Francisco, tais como a Exortação Apostólica *Evangelii Gaudium, A alegria do Evangelho*, especialmente em seu capítulo IV sobre "A dimensão social do querigma", bem como o Discurso no II Encontro Mundial dos Movimentos Populares. A hipótese que trabalhamos é que, com o Papa Francisco, entramos em um período da DSI, que poderíamos chamar de "Igreja em saída", conforme pede o pontífice:

> "Saiamos, saiamos para oferecer a todos a vida de Jesus Cristo! Repito aqui, para toda a Igreja, aquilo que muitas vezes disse aos sacerdotes e aos leigos de Buenos Aires: prefiro uma Igreja acidentada, ferida e enlameada por ter saído pelas estradas, a uma Igreja enferma pelo fechamento e a comodidade de se agarrar às próprias seguranças" (EG 49).

Outra hipótese que poderíamos avançar é que estamos trabalhando com outro paradigma na DSI, depois do ético-tomista (da RN até João Paulo II) e o agostiniano (Bento XVI), que poderia ser chamado de **Franciscano**. A escolha do nome "Francisco" denota um projeto de Igreja pobre, simples, evangélica e destituída de todo poder. Dentro deste novo paradigma, o grande princípio ético-teológico é a misericórdia, da qual o Papa se faz um paladino, até mesmo porque ele a experimentou de maneira muito viva, como descreve na descrição de seu brasão pontifício (http://w2.vatican.va/content/francesco/pt/elezione/stemma-papa-francesco.html).

A partir disto, poderíamos destacar quatro pontos do magistério social do Papa Francisco:

1. Uma Igreja pobre e para os pobres

"Desejo uma Igreja pobre e para os pobres. Eles têm muito a nos ensinar" (EG 198). Com sua postura, o Papa Francisco retorna à intenção originária de São João XXIII, de quem emprestou a expressão "Igreja dos pobres". Esse pontífice disse isto no discurso de anúncio da abertura do Concílio Vaticano II, um mês antes de seu início (11/09/1962). Esta expressão reporta, também, ao "Pacto das catacumbas", feito por um grupo de bispos durante o Concílio Vaticano II, com o objetivo de viverem mais profundamente a pobreza, quando retornassem às suas dioceses, renunciando a tudo que fosse ostentação de glória e de riqueza.

Com estas indicações, Francisco vem radicalizar a opção preferencial pelos pobres. Para ele não se trata de algo abstrato ou de um princípio teórico, mas os pobres devem ser agentes da própria história, devem ter participação ativa nas decisões que se referem à sua vida (EG 49). No discurso aos movimentos populares, falando sobre as mudanças que todos desejam nas estruturas sociais, o papa foi enfático:

> "O futuro da humanidade está, em grande medida, nas vossas mãos, na vossa capacidade de vos organizar e promover alternativas criativas na busca diária dos "3 T" (trabalho, teto, terra), e também na vossa participação como protagonistas nos grandes processos de mudança nacionais, regionais e mundiais. Não se acanhem!" (Discurso no Encontro Mundial dos Movimentos Populares).

A radicalização da opção pelos pobres pelo Papa Francisco atinge seu ápice quando ele afirma que se deve ter um encontro pessoal com o mundo dos pobres, tocar na carne sofredora de Cristo presente nessas pessoas (EG 270) e quando ele instituiu o "Dia Mundial dos Pobres", a ser comemorado no penúltimo domingo do Ano Litúrgico, sendo esta a melhor forma de se preparar para o Domingo do Cristo Rei, pois o Senhor quis se identificar com os mais pobres e nos julgará a partir das obras de misericórdia para com eles, bem como esta data ajudará os cristãos a tomarem consciência de que não poderá haver justiça e nem paz social enquanto Lázaro jazer à porta da nossa casa (Carta Apostólica *Misericordia et misera*, n. 21).

2. A desigualdade social como raiz de todos os males

Um segundo aspecto a ser salientado na DSI do Papa Francisco é a sua afirmação de que a desigualdade social é a raiz de todos os males.

Nos albores da DSI o Papa Leão XIII, em polêmica com os socialistas, afirmou ser impossível acabar com as desigualdades sociais e que essas, de alguma forma, eram úteis para a sociedade (RN 13). No desenvolvimento posterior, a DSI manteve o entendimento da desigualdade natural entre as pessoas, mas foi sempre questionando a existência das desigualdades sociais. O Papa João XXIII dizia serem anacrônicas as teorias que afirmavam que algumas classes sociais estariam em posição de inferioridade, enquanto outras desfrutariam de privilégios, por causa de sua situação econômica ou social (PT 43). A Constituição Pastoral *Gaudium et Spes* do Concílio Vaticano II afirmou que a aspiração mais insistente da humanidade é que haja justiça e que se eliminem as desigualdades, pois elas constituem um escândalo (GS 29; 63; 96).

O Papa Francisco não se cansa de denunciar o sistema econômico como sendo perverso e gerador da desigualdade. Acentua, ainda, que o fato de se ter nascido em um lugar com poucos recursos e menos desenvolvimento não significa que se está condenado à pobreza, repetindo o convite profético feito por Paulo VI (OA 23) para que os países mais ricos reduzam solidariamente seu padrão de vida para que todos possam ter acesso aos bens necessários à vida (EG 190).

Esse pontífice é incisivo ao dizer "não" a uma economia de exclusão, à idolatria do dinheiro que governa ao invés de servir e a uma desigualdade social que gera violência. Por isso, para ele, esse sistema é injusto em sua raiz, porque promove o consumismo, a cultura do descartável e gera a desigualdade social (EG 53; 59; 202-208).

3. A questão ecológica vinculada à social

Aqui está a grande contribuição da *Laudato Si'*, isto é, o nexo profundo entre as agendas social e ambiental pois, tanto a experiência comum da vida cotidiana como a investigação científica, demonstram que os efeitos mais graves de todas as agressões ambientais recaem sobre as pessoas mais pobres (LS 48). Por isso, afirma o pontífice que Paz, Justiça e Conservação da criação são três questões absolutamente ligadas e que não podem se separar (LS 92).

Dentre as propostas levantadas pelo Papa Francisco nesta encíclica está o apelo a uma mudança no estilo de produção e consumo, atualmente determinados pelo mercado e geradores de necessidades artificiais (LS 26; 138; 191), o que São João Paulo II chamou de "conversão ecológica"

(Catequese do dia 17 de janeiro de 2001) e que foi assumido por ele nesta encíclica (LS 216-221). No que tange às instituições, o pontífice pede um compromisso internacional em torno da questão ambiental, para salvaguardar a vida do planeta e o direito dos mais pobres.

No dia 1º de setembro de 2016, em sua Mensagem para o Dia Mundial de Oração pelo Cuidado da Criação, o pontífice acrescentou uma oitava obra à lista tradicional das obras de misericórdia. Nas obras de misericórdia corporais esse cuidado se manifesta com pequenos gestos de respeito ao meio ambiente; nas obras espirituais, manifesta-se como um louvor ao Criador por todas as suas obras.

4. A transformação da sociedade

O Papa Francisco indica que a DSI não pode ficar em "generalidades que não interpelam ninguém" e que nossa fé não pode ser vivida em uma perspectiva individualista, mas que deve ter um profundo desejo de mudar o mundo, transmitir valores, deixar a terra um pouco melhor depois da nossa passagem por ele (EG 182-183). O discurso no II Encontro Mundial dos Movimentos Populares teve "mudança" como palavra-chave:

> Se é assim – insisto – digamo-lo sem medo: Queremos uma mudança, uma mudança real, uma mudança de estruturas. Este sistema é insuportável: não o suportam os camponeses, não o suportam os trabalhadores, não o suportam as comunidades, não o suportam os povos... E nem sequer o suporta a Terra, a irmã Mãe Terra, como dizia São Francisco.

Salienta o pontífice que esta mudança não vem de cima para baixo, mas os movimentos populares são protagonistas e, seus semeadores, a partir do que o papa entende como um "processo de mudança":

> Atrevo-me a dizer que o futuro da humanidade está, em grande medida, nas vossas mãos, na vossa capacidade de vos organizar e promover alternativas criativas na busca diária dos "3 T" (trabalho, teto, terra), e também na vossa participação como protagonistas nos grandes processos de mudança nacionais, regionais e mundiais. Não se acanhem! /.../ Vós sois semeadores de mudança, /.../ concebida, não como algo que um dia chegará porque se

impôs esta ou aquela opção política ou porque se estabeleceu esta ou aquela estrutura social. Sabemos, amargamente, que uma mudança de estruturas, que não seja acompanhada por uma conversão sincera das atitudes e do coração, acaba a longo ou curto prazo por burocratizar-se, corromper-se e sucumbir. Por isso gosto tanto da imagem do processo, onde a paixão por semear, por regar serenamente o que outros verão florescer, substitui a ansiedade de ocupar todos os espaços de poder disponíveis e de ver resultados imediatos. Cada um de nós é apenas uma parte de um todo complexo e diversificado interagindo no tempo: povos que lutam por uma afirmação, por um destino, por viver com dignidade, por "viver bem".

5. A misericórdia como critério ético-teológico

No Ano Santo Extraordinário da Misericórdia (08/12/2015 a 20/11/2016) fomos convidados a ser no mundo testemunhas da misericórdia. Como se sabe, o Papa Francisco teve uma experiência forte da misericórdia ainda jovem, quando, ao participar da missa na festa de São Mateus, ouviu a narração da vocação deste apóstolo. Ao ser eleito Bispo, em 1992, escolheu como lema episcopal uma expressão da homilia de São Beda sobre a vocação de Mateus, que diz: *"Misericordiando atque eligendo"*, isto é, "com misericórdia o olhou e escolheu", lema que continuou em seu brasão pontifício. Em sua Bula de Proclamação do Jubileu Extraordinário da Misericórdia *Misericordiae Vultus* (MV) o santo padre, citando Santo Tomás de Aquino, enfatiza que Deus é todo-poderoso, mas no perdão e na misericórdia (MV 6, sendo a misericórdia uma qualidade da onipotência de Deus.

Foi um vivo desejo do Papa Francisco que os cristãos redescobrissem as sete obras de misericórdia corporais e as sete obras espirituais, para despertar a consciência adormecida diante de dramáticas situações de pobreza (MV 15). No entanto, no dia 1º de setembro de 2016, em sua Mensagem para o Dia Mundial de Oração pelo Cuidado da Criação, o pontífice acrescentou uma oitava obra: "cuidar da criação", porque, segundo ele, todas as obras convergem para o cuidado com a vida. Nas obras de misericórdia corporais, esse cuidado se manifesta com pequenos gestos de respeito ao meio ambiente e, por sua vez, nas obras espirituais, como um louvor ao Criador por todas as suas obras. Assim como São João Paulo II, que acrescentou um mistério ao Rosário, para responder à fé do povo, o Papa Francisco o fez com relação às obras de misericórdia, acrescentando uma oitava à corporal e à espiritual, para responder aos desafios de nosso tempo.

O Papa Francisco afirma que a prática das obras de misericórdia permite a todos nós aferirmos se vivemos ou não como discípulos de Jesus (MV 15). Afinal de contas, não nos será perguntado pelo número de comunhões que fizemos, de terço que rezamos ou adorações de que participamos, porque precisamos disto tudo para praticar aquilo que é o mais importante: as obras de misericórdia. Sem elas, tudo o mais ficará em um ritualismo vazio e estéril, que não servirá para nada, pois a fé, sem obras, é morta em si mesma (Tg 2,17). Como adverte o papa, não poderemos escapar das palavras do Senhor em base às quais seremos julgados, a saber: Eu tive fome... tive sede... estava nu... estive doente ou preso... fui estrangeiro (MV 15).

Não basta, no entanto, a prática assistencialista destas obras. Com relação ao social, diz-se que os cristãos são ótimos enfermeiros, isto é, atendem às consequências imediatas, mas péssimos médicos, quer dizer, não eliminam as causas. Sem deixar de se preocupar com as necessidades mais imediatas e com as situações de emergência representadas pelas obras de misericórdia corporais, é necessário ter um horizonte maior, que se preocupe com a transformação das estruturas geradoras da miséria e da fome. Isto implica, segundo o Papa Francisco, um compromisso, tanto para transformar uma economia geradora de morte quanto para realizar pequenos gestos de solidariedade com os mais sofredores (EG 53; 188).

No encerramento do Ano Extraordinário da Misericórdia, o Papa Francisco instituiu o Dia do Pobre, com a Carta Apostólica *Misericordia et misera*, a ser celebrado todos os anos no XXXIII Domingo do Tempo Comum, que antecede o Domingo de Cristo Rei. Para o pontífice, essa "será a mais digna preparação para bem viver a solenidade de Nosso Senhor Jesus Cristo Rei do Universo, que se identificou com os mais pequenos e os pobres e nos há de julgar sobre as obras de misericórdia (Mt 25,31-46)".

Por fim, na Exortação Apostólica *Gaudete et Exsultate* sobre o chamado à santidade no mundo atual, o Santo Padre retoma novamente esta questão das obras de misericórdia. Ele afirma que o capítulo de Mt 25,31-46 é a regra para todo aquele que procura a santidade. Estes versículos não são somente um convite à caridade, mas lançam uma luz sobre o mistério de Cristo, que desejou se identificar com os pobres deste mundo. Falando sobre quais as ações que mais agradam a Deus, afirma o pontífice, citando Santo Tomás de Aquino, que uma obra de misericórdia agrada mais a Deus que muitos atos de culto (n. 95-96; 104-107).

Na Unidade 4, ao estudarmos as questões atuais da DSI, teremos oportunidade de destacar outros ensinamentos sociais do Papa Francisco.

Questões para autoavaliação

1) Compare os ensinamentos sobre "trabalho", "salário" e "propriedade privada" presentes nas encíclicas sociais. Você percebe alguma evolução nesse ensinamento? Comente.

2) Compare os ensinamentos da *Populorum Progressio, Sollicitudo Rei Socialis* e *Caritas in Veritate.* Você percebe alguma evolução na abordagem da questão do desenvolvimento? Que elementos novos foram sendo acrescentados?

3) Quais são as encíclicas e documentos sociais que não são comemorativas da *Rerum Novarum*? Qual é a problemática que elas abordam?

4) Comente o seguinte texto:

"Na elaboração e no ensinamento desta doutrina, a Igreja foi e é animada por intentos não teoréticos, mas pastorais, quando se encontra diante das repercussões das mutações sociais sobre os seres humanos individualmente tomados, sobre multidões de homens e mulheres, sobre a sua mesma dignidade humana, nos contextos em que 'se procura uma organização temporal mais perfeita, sem que este progresso seja acompanhado de igual desenvolvimento espiritual'" (*Compêndio de Doutrina Social da Igreja* 104).

Texto para aprofundamento

DOCUMENTO DA SAGRADA CONGREGAÇÃO PARA EDUCAÇÃO CATÓLICA. *Orientações para o ensino e o estudo da Doutrina Social da Igreja na formação sacerdotal.* Petrópolis: Vozes, 1989 [Documentos Pontifícios, 229].

A formação do patrimônio histórico

Ambiente sociocultural

18. Em todas as épocas, a doutrina social, com os seus princípios de reflexão, os seus critérios de juízo e as suas normas de ação não teve, nem poderia ter tido, outra orientação, senão a de iluminar de um modo particular, partindo da fé e da tradição da Igreja, a situação real da sociedade, sobretudo quando nela vinha ofendida a dignidade humana.

Desta perspectiva, dinâmica e histórica, resulta que o verdadeiro caráter da doutrina social se manifesta na correspondência das suas indicações, relativas aos problemas de uma determinada situação histórica, com as exigências éticas da mensagem evangélica, que requer uma transformação profunda das pessoas e dos grupos para obter uma libertação autêntica e integral. Todavia, para a compreensão do desenvolvimento histórico da doutrina social, é necessário penetrar no contexto sociocultural de cada documento e compreender as condições econômicas, sociais, políticas e culturais existentes quando ele foi emanado. Poder-se-á então descobrir melhor nos vários documentos a intenção pastoral da Igreja perante a situação da sociedade examinada e a amplitude do problema social. Tanto os princípios-base, provenientes diretamente da concepção cristã da pessoa da sociedade humana como os juízos morais acerca de determinadas situações e estruturas sociais permitem colher o sentido da presença histórica da Igreja no mundo. Pode-se dizer que cada documento social é disso um exemplo e uma prova.

Mudanças do século XIX e contributos do pensamento católico

19. Deve-se recordar, particularmente, a nova situação criada no século XIX, na Europa e parcialmente nas Américas, e a seguir à Revolução Industrial, ao liberalismo, ao capitalismo e ao socialismo. Naquela situação, não poucos católicos dos vários países europeus, em harmonia com as exigências éticas e sociais da Palavra de Deus e com o ensino constante dos Padres da Igreja, dos grandes teólogos da Idade Média e, em particular, de Santo Tomás de Aquino, promoveram o despertar da consciência cristã perante as graves injustiças surgidas naquela época. Começou assim a delinear-se uma concepção mais moderna e dinâmica da forma como a Igreja deve estar presente e exercer o seu influxo na sociedade. Compreendeu-se melhor a importância da sua presença no mundo e o tipo de função que os novos tempos lhe pedem. Sobre esses pressupostos se apoia toda a Doutrina Social da Igreja, desde então até os nossos dias. É, portanto, nesta perspectiva que se devem ler e compreender os documentos do magistério social.

Referências utilizadas na Unidade 3

ÁVILA, F.B. *Pequena Enciclopédia de Doutrina Social da Igreja*. 2. ed. São Paulo: Edições Loyola, 1993.

BENTO XVI. *Caritas in Veritate* – Sobre o desenvolvimento humano integral na caridade e na verdade. São Paulo: Paulinas, 2009.

BOAVENTURA, B.J.R. & SILVA, I.M.F. *A incompletude da modernidade pela aporia da questão social*. In: https://revistasocialesyjuridicas.files.wordpress.com/2013/04/09-tl-03.pdf., acessado em 30/10/2017, p. 121.

CAMACHO, I. *Doutrina Social da Igreja*: abordagem histórica. São Paulo: Loyola, 1995.

CASTEL, R. *As metamorfoses da questão social* – Uma crônica do salário. 11. ed. Petrópolis: Vozes, 2013.

CELAM. *Documento de Aparecida*. São Paulo: Edições CNBB, Paulus e Paulinas, 2007.

CONGREGAÇÃO PARA EDUCAÇÃO CATÓLICA. *Orientações para o estudo e o ensino da Doutrina Social da Igreja na formação sacerdotal*. Petrópolis: Vozes, 1989 [Documentos Pontifícios, 229].

FRANCISCO. *Exortação Apostólica* Evangelii Gaudium: *a alegria do Evangelho* – Sobre o anúncio do Evangelho no mundo atual. São Paulo: Paulus/ Loyola, 2013.

_____. Carta Apostólica *Misericordia et misera*. São Paulo: Paulus, 2016.

_____. Carta Encíclica *Laudato Si'* sobre o cuidado da casa comum. São Paulo: Paulus & Edições Loyola, 2015.

_____. Discurso do Papa Francisco aos Participantes do II Encontro Mundial dos Movimentos Populares. Brasília: Edições CNBB, Coleção Sendas, vol. 4.

_____. Exortação Apostólica *Gaudete et Exsultate* sobre o chamado à santidade no mundo atual. São Paulo: Paulus, 2018.

_____. UDIENZA AI RAPPRESENTANTI DEI MEDIA – 16/03/2013. In: https://w2.vatican.va/content/francesco/it/speeches/2013/march/documents/ papa-francesco_20130316_rappresentanti-media.html, acessado em 12/10/2017.

GONÇALVES, P.S. "A teologia do Concílio Vaticano II e suas consequências na emergência da Teologia da Libertação". In: GONÇALVES, P.S. & BOMBONATTO, V.I. (orgs.). *Concílio Vaticano II*: análises e perspectivas. São Paulo: Paulinas, 2004.

HUGON, P. *História das doutrinas econômicas*. 14. ed. São Paulo: Atlas, 1984.

JOÃO PAULO II. *Carta Encíclica* Centesimus Annus. São Paulo: Loyola, 1991.

_____. *Solicitude Social da Igreja* – Carta Encíclica *Sollicitudo Rei Socialis*. Petrópolis: Vozes, 1988 [Documentos Pontifícios, 218].

_____. *Sobre o trabalho humano* – Carta Encíclica *Laboren Exercens*. Petrópolis: Vozes, 1981 [Documentos Pontifícios, 196].

JOÃO XXIII. *Carta Encíclica* Mater et Magistra. 13. ed. São Paulo: Paulinas, 2010.

_____. *Carta Encíclica* Pacem in Terris. 4. ed. São Paulo: Paulinas, 2000.

_____. Radio mensagem de João XXIII aos fiéis do mundo inteiro – 11/09/1962. In: https://w2.vatican.va/content/john-xxiii/it/messages/pont_messages/1962/ documents/hf_j-xxiii_mes_19620911_ecumenical-council.html, acessado em 12/10/2017.

JOÃO PAULO II. *Sobre o trabalho humano*. Carta Encíclica *Laboren Exercens*. Petrópolis: Editora Vozes, 1981 [Documentos Pontifícios, 196].

_____. *Solicitude Social da Igreja*. Carta Encíclica Sollicitudo Rei Socialis. Petrópolis: Editora Vozes, 1988 [Documentos Pontifícios, 218].

_____. *Carta Encíclica* Centesimus Annus. São Paulo: Edições Loyola, 1991.

LANGLOIS, J.M.I. *Doutrina Social da Igreja*. Lisboa: Rei dos Livros, 1989 [Trad. de Maria da Graça de Mariz Rozeira].

LEÃO XIII. *Rerum Novarum* – Carta Encíclica de Sua Santidade o Papa Leão XIII sobre a condição dos operários. 13. ed. São Paulo: Paulinas, 2002.

MARTINA, G. *História da Igreja de Lutero a nossos dias*: A era contemporânea. São Paulo: Edições Loyola, 1997.

PAULO VI. *Carta Apostólica* Octogesima Adveniens. 2. ed. São Paulo: Paulinas, 1992.

_____. *Populorum Progressio* – Carta Encíclica de Sua Santidade o Papa Paulo VI sobre o desenvolvimento dos povos. 11. ed. São Paulo: Paulinas, 1990.

PIO XI. *Quadragesimo Anno* – Sobre a restauração e o aperfeiçoamento da ordem social em conformidade com a lei evangélica. 4. ed. São Paulo: Paulinas, 2001.

PIO XII. "La solennitá della Pentecoste" [Trad. Poliglota Vaticana]. In: COSTA, L. (org.). *Documentos de Pio XII (1939-1958)*. São Paulo: Paulus, 1998.

PONTIFÍCIA COMISSÃO JUSTIÇA E PAZ. *Compêndio de Doutrina Social da Igreja*. São Paulo: Paulinas, 2005.

SPIAZZI, R. (org.). *I Documenti Sociali della Chiesa* – Tomo I: Da Pio IX a Giovanni Paolo II (dal 1864 al 1965). Milão: Massimo, 1988.

_____. *I Documenti Sociali della Chiesa* – Tomo II: Da Pio IX a Giovanni Paolo II (dal 1967 al 1987). Milão: Massimo, 1988.

TERRA, J.E.M. *Itinerário teológico de Bento XVI*. São Paulo: Editora Ave Maria, 2006.

UNIDADE 4

Questões atuais da Doutrina Social da Igreja

Introdução

Na **Unidade 3** você conferiu cada encíclica e documento social, estudando os temas clássicos da Doutrina Social da Igreja como trabalho, salário e outros ligados à questão social que desafiou a Igreja desde a *Rerum Novarum*. Certamente você percebeu que houve uma ampliação dos temas, saindo da questão operária e abordando outros temas como paz, progresso, mercado, desenvolvimento, matrizes energéticas, economia e outros. É importante também salientar que houve uma descentralização geográfica, pois inicialmente eram questões ligadas ao operariado europeu e depois foram se expandindo para outros países e continentes.

Nesta unidade você terá contato com alguns temas atuais e verá as indicações que nos vêm da Doutrina Social da Igreja. Veremos os seguintes assuntos:

No **Bloco 1**, alguns aspectos ligados ao desenvolvimento econômico e a necessidade de novos estilos de vida.

No **Bloco 2**, a questão das novas tecnologias que revolucionaram a sociedade atual.

No **Bloco 3**, o mercado, um mecanismo de trocas econômicas que foi absolutizado pelo neoliberalismo.

No **Bloco 4** veremos aspectos ligados à empresa e ao lucro.

No **Bloco 5** abordaremos o fenômeno da globalização da economia.

No **Bloco 6** uma questão urgente, referente à geração de energia.

No **Bloco 7** uma preocupação atual, que é o cuidado com a ecologia.

Finalmente, no **Bloco 8**, a cultura, com os desafios que trazem para a fé cristã.

Bom proveito!

Sugestão: Os estudantes poderiam ser divididos em oito grupos, conforme os temas a serem estudados. Assim, cada grupo aprofundaria um desses temas, aproveitando as indicações aqui contidas e enriquecendo-as com sua pesquisa. Depois, em um plenário, seriam apresentados os trabalhos de cada grupo, seguidas de um debate com todos da turma.

BLOCO 1

A QUESTÃO DO DESENVOLVIMENTO ECONÔMICO

Nos últimos cem anos a humanidade adotou um modelo de vida que consome cada vez mais matéria e energia. O processo de extração → produção → transporte → consumo → descarte é feito de maneira linear, sem respeitar os ciclos da vida. É um modelo de desenvolvimento que depreda o meio ambiente e não se sustenta a longo prazo.

Em um sentido estrito, desenvolvimento significa a capacidade de uma economia nacional gerar e sustentar um crescimento anual do Produto Nacional Bruto (PNB) em taxas de 5 a 6%, ou mais. Nas décadas de 1960 e 1970 havia uma euforia pelo desenvolvimento, compreendido somente nesse sentido. Questões como ecologia, pobreza, desemprego e distribuição da renda interna eram secundários.

Na década de 1980 cai a taxa de PNB de muitas nações, que são obrigadas a limitar seus programas de assistência social. Nessa época, muitos economistas começaram a criticar uma mensuração somente quantitativa do desenvolvimento, que não levava em conta as realidades humanas e o meio ambiente. No encontro conhecido como Rio-92 apareceu a indicação de que o desenvolvimento deve ser "sustentável", isto é, não se pode abusar ilimitadamente da natureza. Na Conferência de Copenhague, em março de 1995, é o termo "social" que vem considerado como característica da finalidade de todo desenvolvimento; daí a expressão "desenvolvimento social", que começa a ser mensurada pelo Índice de Desenvolvimento Humano (IDH); este é o cruzamento dos índices de expectativa de vida, educação e renda. No entanto, ainda prevalece uma visão economicista nas instituições que operacionalizam o desenvolvimento, isto é, uma visão unilateral do progresso, voltada prevalentemente à industrialização e à produção de riquezas.

"O mundo tem recursos suficientes para atender as necessidades de todos, mas não a ambição de todos."
(Mahatma Gandhi)

Partindo da compreensão de desenvolvimento social, podemos questionar o próprio conceito de "desenvolvimento sustentável", que pode ser entendido como gerenciamento inteligente dos recursos naturais, mas sem avaliar o impacto disto na vida das pessoas. A esse propósito, se afirma o seguinte:

> "Este conceito [desenvolvimento sustentável] vem entendido, ainda, dentro de uma racionalidade econômica. As argumentações que identificam sustentabilidade com gerenciamento eficiente dos recursos naturais, advogando uma sociedade mais produtiva, com um menor custo socioambiental, não implicam, necessariamente, a opção por uma ordem mais justa e participativa" (CNBB/Setor Pastoral Social. *A Igreja e a questão ecológica: leitura ético-teológica, a partir da análise crítica do desenvolvimento*, n. 36).

Várias questões éticas podem ser levantadas no que se refere ao desenvolvimento:

• Como o melhoramento da qualidade dos produtos pode conduzir a uma melhor qualidade de vida dos consumidores?

• Como conjugar a maximização dos valores específicos da economia – p. ex., eficiência, eficácia, produtividade – com a otimização dos grandes valores humanos como liberdade, solidariedade e participação?

• Que fazer a fim de que o crescimento econômico não seja um mal, mas uma via para ser melhor?

A Doutrina Social da Igreja sempre manifestou sua preocupação com a questão do desenvolvimento. Vejamos algumas indicações:

• Pio XII afirmou que a riqueza de uma nação não pode ser medida somente com critérios macroeconômicos, mas sim por uma justa distribuição dos bens produzidos, em vista do bem-estar de todos (Radiomensagem de Pentecostes, 01/06/1941, 10).

• No Concílio Ecumênico Vaticano II, os Padres Conciliares afirmaram na *Gaudium et Spes* que o desenvolvimento não deve procurar somente o aumento da produtividade e do lucro, mas respeitar uma hierarquia moral, estar a serviço do homem todo e de todos os homens. Acima de tudo, deve estar sob o controle do homem, isto é, não pode ser deixado ao arbítrio de grupos, instituições ou autoridades, muito menos ser abandonado às leis econômicas mecânicas (GS 64-66).

• Paulo VI tematizou essa questão na Encíclica *Populorum Progressio,* de 1967, em que convidou a humanidade a construir um mundo solidário, no qual os bens produzidos possam ser usufruídos por todos. Definiu o progresso como "a passagem, para cada um e para todos, de *condições menos humanas a mais humanas*", e concluiu com a conhecida frase de que "o progresso é o novo nome da paz" (n. 19).

• São João Paulo II, na Encíclica *Sollicitudo Rei Socialis*, que é comemorativa da *Populorum Progressio*, chama a atenção para um falso otimismo mecanicístico, que fazia do desenvolvimento um processo retilíneo, quase automático e ilimitado. Essa ideia, segundo ele, está ligada a uma concepção de progresso de tipo iluminista (SRS 27). Ele enfatiza o ensinamento de seus predecessores a esse respeito, isto é, que o desenvolvimento não pode ser medido somente por estatísticas que mostram algum crescimento econômico, mas por um efetivo melhoramento do nível de vida de todas as pessoas, em todas as suas dimensões. Na *Centesimus Annus* ele afirma ser necessário que os países mais ricos reduzam o consumo e busquem novos estilos de vida, para que os mais pobres possam também ter acesso aos benefícios do desenvolvimento (n. 52).

• Bento XVI, na *Caritas in Veritate*, que também é comemorativa da *Populorum Progressio*, afirma que o quadro do desenvolvimento é *policêntrico*. Os atores e as causas tanto do subdesenvolvimento como do desenvolvimento são múltiplas, as culpas e os méritos são diferenciados. Nos países ricos, novas categorias sociais empobrecem e nascem novas pobrezas. Em áreas mais pobres, alguns grupos gozam de uma espécie de superdesenvolvimento dissipador e consumista que contrasta de modo inadmissível com perduráveis situações de miséria desumanizadora (CV 22). Existem causas imateriais para o subdesenvolvimento, como é o caso da propriedade intelectual dos países ricos, que não repartem a tecnologia. O quadro atual se agravou em relação ao tempo de Paulo VI por causa da "deslocalização" da produção e do capital, em busca de mercados onde possam auferir mais lucros.

• O Papa Francisco afirma que a promessa de que o crescimento econômico consegue automaticamente promover maior equidade e inclusão social nunca foi confirmada e que os pobres estão até hoje esperando por isso (EG 54). Afirma ainda o pontífice que o planeta é de todos, de forma que o fato de se ter nascido em um lugar com poucos recursos e menos desenvolvimento não significa que se está condenado à pobreza. Nesse sentido ele repete o convite profético feito por Paulo VI, para que os países mais ricos reduzissem o seu padrão de vida, para que todos pudessem ter acesso a esses bens (EG 190).

É necessário, portanto, deslocar o eixo do desenvolvimento, deixando a racionalidade econômica e focando nas necessidades humanas.

"Isto significa inverter a trajetória excludente do desenvolvimento que conhecemos, e estender a condição de cidadão à maioria que vive à margem dos processos econômicos e políticos" (CNBB/Setor Pastoral Social. *A Igreja e a questão ecológica: leitura ético-teológica, a partir da análise crítica do desenvolvimento,* n. 40)

Veja o que afirma o Compêndio de Doutrina Social da Igreja:

"*Uma das tarefas fundamentais dos atores da economia internacional é a obtenção de um desenvolvimento integral e solidário para a humanidade*, vale dizer, 'promover todos os homens e o homem todo' (PP 14). Tal tarefa exige uma concepção da economia que garanta, no plano internacional, a distribuição equitativa dos recursos e responda à consciência da interdependência – econômica, política e cultural – que de agora em diante une definitivamente os povos entre eles e faz com que se sintam ligados a um único destino. Os problemas sociais assumem cada vez mais uma dimensão planetária: a paz, a ecologia, a alimentação, a droga, as doenças. Estado algum já os pode enfrentar e resolver sozinho. As gerações atuais tocam com as mãos a necessidade da solidariedade e advertem concretamente a necessidade de superar a cultura individualista. Nota-se sempre mais difusamente a exigência de modelos de desenvolvimento que prevejam não apenas 'elevar todos os povos ao nível que hoje gozam somente os países mais ricos, mas de construir no trabalho solidário uma vida mais digna, fazer crescer efetivamente a dignidade e a criatividade de cada pessoa, a sua capacidade de corresponder à própria vocação e, portanto, ao apelo de Deus'" (*Compêndio de Doutrina Social da Igreja* 373).

O modelo de consumo que se estabeleceu no mundo ocidental é predatório e não se sustenta a longo tempo. Segundo dados, uma criança que nasce em um dos países ricos irá consumir, gastar e poluir, durante sua vida, mais do que cinquenta crianças nascidas em um país pobre! Além disso, é um absurdo que os países ricos, onde vivem apenas 20% da população mundial, consumam 80% da energia do planeta! Além disso, eles consomem 75% dos metais disponíveis e 65% dos alimentos produzidos!

"Não é mal desejar uma vida melhor, mas é errado o estilo de vida que se presume ser melhor, quando ela é orientada ao ter e não ao ser, e deseja ter mais não para ser mais, mas para consumir a existência no prazer, visto como fim em si próprio. É necessário, por isso, esforçar-se por construir estilos de vida nos quais a busca do verdadeiro, do belo e do bom, e a comunhão com os outros homens, em ordem ao crescimento comum, sejam os elementos que determinam as opções do consumo, da poupança e do investimento" (*Centesimus Annus* 36).

Existe uma mentalidade difusa de que a felicidade é resultado do acúmulo de bens materiais, de tal maneira que, quanto mais se tem, mais feliz, e quanto menos posse, mais infelicidade. Assim, toda a vida humana deveria girar em torno da busca desenfreada da riqueza, gerando a lógica do acúmulo. O Papa Francisco pediu aos jovens para nadar contra a corrente do consumismo e para não se abarrotarem de coisas supérfluas. Afirma o pontífice que é necessário dizer "não" à cultura do provisório, da superficialidade e do usar e descartar (Mensagem do Papa Francisco para a XXIX Jornada Mundial da Juventude, 13/04/2014).

No Livro dos Provérbios reza o sábio: "Não me dês indigência, nem riqueza, mas concede-me apenas minha porção de alimento" (Pr 30,8). A fé cristã nunca teve como ideal de vida a indigência e a miséria. Menos ainda, a riqueza e a fortuna. A *pobreza* é indicada como o caminho a ser trilhado pelos cristãos. Aos que têm um espírito de pobre é prometido o Reino dos Céus (Mt 5,1). Assim, pede o sábio que Deus lhe conceda sua porção de alimento, como Jesus ensinou-nos a pedir o pão para cada dia: "Dá-nos, a cada dia, o pão cotidiano" (Lc 11,3).

> "Duas coisas te peço; não mas negues, antes que eu morra: afasta de mim a falsidade e a mentira; não me dês nem a pobreza nem a riqueza; dá-me o pão que me for necessário; para não suceder que, estando eu farto, te negue e diga: Quem é o SENHOR? Ou que, empobrecido, venha a furtar e profane o nome de Deus" (Pr 30,7-9).

BLOCO 2

AS NOVAS TECNOLOGIAS

As inovações tecnológicas constituem um dos quatro "is" da sociedade moderna: industrialização, investimento, inovação tecnológica e indivíduos capazes. É perceptível o quanto a humanidade avançou no mundo da tecnologia, especialmente a da comunicação, informação e transmissão de dados. Com isso diminui cada vez mais o tempo de obsolescência dos aparelhos eletrônicos. Há algum tempo um computador, por exemplo, demorava para tornar-se obsoleto. Hoje esse período diminuiu radicalmente, graças às inovações tecnológicas que se introduzem frequentemente no mundo da informática. O mesmo poderia se falar dos outros produtos.

Além do mundo das telecomunicações, as novas tecnologias estão presentes em todos os outros setores da atividade humana, com destaque para as biotecnologias, como a produção de alimentos transgênicos, a reprodução humana assistida e a pesquisa com células-tronco.

O Concílio Ecumênico Vaticano II afirmou que o progresso técnico é um bem e está dentro do projeto de Deus (GS 33). Através do desenvolvimento de novas tecnologias, o ser humano cumpre o mandamento de dominar a terra e, por isto, a Doutrina Social da Igreja também tem uma apreciação positiva delas, embora sempre destaque os desvios que podem ocorrer:

- Pio XII alertou para os perigos que um progresso técnico poderia trazer à humanidade, criando o assim chamado "espírito técnico", que ameaçaria as relações com Deus, com os outros e com o cosmos (Radiomensagem de Natal de 24/12/1953).

- Paulo VI afirmou que economia e técnica não têm sentido, senão em função do homem, ao qual devem servir.

- João Paulo II destacou o trabalho em dois sentidos: objetivo (a técnica) e subjetivo (a pessoa que trabalha). Assim, a técnica é aliada do trabalhador, tem um caráter instrumental, pois está a serviço do trabalho, mas pode transformar-se em adversária, quando é mais valorizada do que a pessoa que trabalha, de tal modo que o trabalhador perde todo estímulo à criatividade (LE 5).

No magistério recente, a Encíclica *Caritas in Veritate* dedica bastante espaço à questão das novas tecnologias. Vejamos algumas indicações importantes:

- A técnica é um bem, está ligada à autonomia e à liberdade humana e exprime o mandamento de dominar a terra (CV 69).

- No entanto, as inovações tecnológicas podem induzir a uma ideia de autossuficiência dela mesma, prescindindo do respeito aos limites que a natureza tem em si (CV 70).

- A supremacia da técnica torna forte a *mentalidade tecnicista*, que faz coincidir a verdade com o factível, a eficiência com a utilidade (CV 70).

Veja o que diz o Compêndio:

> *"Ponto de referência central para toda aplicação científica e técnica é o respeito ao homem, que deve acompanhar uma indispensável atitude de respeito para com as demais criaturas viventes.* Também quando se pensa em uma alteração delas é preciso ter em conta a *natureza de cada ser e as ligações mútuas* entre todos, num sistema ordenado. [...] *O homem não deve, portanto, esquecer que* 'a sua capacidade de transformar e, de certo modo, criar o mundo com o próprio trabalho [...] se desenrola sempre sobre a base da doação originária das coisas por parte de Deus'. Ele não deve 'dispor arbitrariamente da terra, submetendo-a sem reservas à sua vontade, como se ela não possuísse uma forma própria e um destino anterior que Deus lhe deu, e que o homem pode, sim, desenvolver, mas não deve trair'. Quando se comporta desse modo, 'em vez de realizar o seu papel de colaborador de Deus na obra da criação, o homem substitui-se a Deus, e desse modo acaba por provocar a revolta da natureza, mais tiranizada que governada por ele'" (n. 459-460).

BLOCO 3

O MERCADO

Em seu significado mais simples e elementar de lugar em que são trocados bens econômicos, o mercado teve início quando se começou a "economia de troca". Com a queda do Império Romano e o crescimento da sociedade feudal a prática do comércio ficou em segundo plano. A partir do século XII, com o nascimento das cidades e das feiras, houve um reaquecimento dessa dimensão.

A vitória definitiva do mercado veio com a Revolução Industrial e com o pensamento de Adam Smith. Esse protagonista do liberalismo partia de um otimismo em relação ao mercado: a verdade se faz clara para todos através dos preços, determinados pela oferta e procura. As duas guerras mundiais e o movimento operário fizeram diminuir esse otimismo. Chegamos a um "pessimismo epistemológico", sobretudo por obra de Keines (CAMACHO, 1997). O pós-guerra viu um renascimento das doutrinas liberais e da tese do mercado total, sobretudo por obra de Hayek e seus seguidores, constituindo no que se chamou de "neoliberalismo".

Em geral, todos estão de acordo que a economia de mercado é melhor do que uma economia planificada. Porém, o mercado não é a salvação universal, porque apresenta também os seus limites:

a) Longe de ser um meio infalível para a cooperação e a competitividade, o mercado pode se transformar em uma arena, onde somente os fortes sobrevivem, em uma espécie de "darwinismo social". Com isso, ele deixa de ser livre e passa a ser dominado por um pequeno grupo poderoso que impõe as regras do jogo. Ele não é guiado por uma mão invisível, mas visível e concreta, que são os poderes de ordem econômica e financeira, que se tornam os novos soberanos, com riscos para a democracia (LA VALLE, 1996).

b) Existem valores e situações humanas que não podem ser respondidos pelo mercado. Ele não tem em conta os valores éticos, e nem mesmo os valores ecológicos e de horizonte social. São João Paulo II, na *Centesimus Annus* (n. 40) chama a atenção para esse fato, que veremos mais detalhadamente.

c) A propósito da capacidade do mercado em gerar riqueza e bem-estar, os fatos demonstram exatamente o contrário. Os números indicam crescimento da pobreza no mundo todo, inclusive no interior dos países desenvolvidos. Assim, a riqueza produzida pelo mercado o é apenas para uns poucos privilegiados.

d) Existe uma relação entre "custo de produção" e "custo social". A lógica do mercado leva a reduzir o primeiro, enquanto se aumenta o segundo. Assim, a máxima eficiência pode se transformar na pior ineficiência do ponto de vista social.

e) Finalmente, uma coisa é reconhecer a economia de mercado como o mecanismo até agora mais adaptado às relações comerciais; outra coisa bem diversa é fazer dele um mito, quase um "deus", ao qual se submete tudo e todos, inclusive os estados nacionais, como querem os economistas neoliberais.

Vamos analisar a questão do mercado a partir de três níveis (ARGAN-DONA, 1992):

1º) Um *âmbito técnico*, ao qual pertence o funcionamento lógico-econômico do mercado: o intercâmbio, a empresa e a organização econômica. A DSI reconhece a autonomia da economia nesse âmbito.

2º) O *nível das instituições, leis e normas*, que regulam, canalizam e ordenam as condutas individuais na sociedade. Deve haver coerência do econômico com os restantes âmbitos da vida individual e social, dentro dos fins do indivíduo e da sociedade, que ultrapassam a mera eficiência econômica.

3º) O âmbito das *ideias e valores*. Esse âmbito é superior aos outros dois; ele os informa e determina. Por exemplo, o conteúdo concreto do direito de propriedade, que condiciona toda a atividade técnico-econômica, será dado pela concepção de homem e de sociedade refletidas nesse conjunto de ideias e valores.

Veremos algumas indicações sobre o mercado na Encíclica *Centesimus Annus* de São João Paulo II, escrita em 1991, logo depois da queda do Muro de Berlim. Aos olhos de alguns, parecia que o capitalismo havia vencido a Guerra Fria contra o comunismo e soltaram-se foguetes saudando o mercado. Será isso mesmo? Vejamos as indicações que encontramos nessa encíclica.

• 1º nível: *Técnico-econômico*. A opinião da *Centesimus Annus* é favorável nesse âmbito. Ela afirma que "[...] *parece ser* o mecanismo de mercado o instrumento mais eficaz [...]" (CA 34). Por prudência, não se afirma de maneira absoluta. Assinalam-se dois critérios técnicos positivos: "para dinamizar os recursos e corresponder às necessidades". Junto com esse reconhecimento das vantagens técnicas se sublinham também os limites, indicando que o mercado só é viável para quem tem a oferecer, deixando fora os que não podem entrar no sistema de empresa (CA 33); só vale para as realidades solvíveis, passíveis de serem vendidas e compradas (CA 34); existem necessidades coletivas e qualitativas às quais o mercado não pode responder (CA 40).

• 2º nível: *Marco jurídico, institucional e social*. O ser humano necessita, para sua vida em sociedade, de um marco jurídico, institucional e social. A encíclica afirma a necessidade de que a economia de mercado seja regulada, de que não se realize em um vazio institucional, jurídico e político (CA 48). Destaca, nesse sentido, o papel da família, acentuando sua função educativa. Será muito difícil uma vida social e econômica fecunda sem o suporte dessa instituição natural, que educa para a solidariedade (CA 49). Além da família, as sociedades intermediárias, pois a pessoa não pode ficar entre o Estado e o mercado. Outros grupos desenvolvem ações de socialização e constroem redes de solidariedade (CA 49).

• 3º nível: *Sistema ético e cultural*. Este é o nível mais profundo, pois é ele quem ordena os outros dois. Existe no mercado a referência a valores e ideias supremas, que afirmam somente a liberdade econômica e de maneira absoluta (CA 39). Os erros do livre-mercado não se dão no nível técnico-econômico, mas sim no marco jurídico e, sobretudo, no arcabouço ético-cultural que o acompanha. Observamos hoje o fenômeno do consumismo, que vai criando uma sociedade do supérfluo e do descartável (CA 36).

Bento XVI acentua na *Caritas in Veritate* que o mercado está sujeito aos princípios da chamada *justiça comutativa*, que regula precisamente as relações do dar e receber, entre sujeitos iguais. Mas a DSI nunca deixou de pôr em evidência a importância que têm a *justiça distributiva* e a *justiça social* para a própria economia de mercado, não só porque integrada nas malhas de um contexto social e político mais vasto, mas também pela teia das relações em que se realiza. Sem formas internas de solidariedade e de confiança recíproca, o mercado não pode cumprir plenamente a própria função econômica (CV 35).

O Papa Francisco é incisivo ao dizer "não" a uma economia de exclusão, à idolatria do dinheiro, que governa ao invés de servir, e a uma desigualdade social que gera violência. Ele se admira que a morte de um idoso que vive em situação de rua por enregelamento não seja notícia, mas sim a queda de dois pontos na bolsa, como sendo uma grande tragédia (EG 53-58). Por isso, para ele esse sistema é injusto em sua raiz porque promove o consumismo, a cultura do descartável e gera a desigualdade social (EG 53, 59).

Ainda segundo o Papa Francisco, a dignidade da pessoa humana e o bem comum deveriam estruturar toda a política econômica, pois não se pode confiar em forças cegas e na "mão invisível" do mercado (EG

202-205). Falando aos jovens em Seul no dia 15 de agosto de 2014, ele acentuou que é preciso resistir ao canto da sereia representado por este modelo econômico:

> Combatam o fascínio do materialismo que sufoca os autênticos valores espirituais e culturais e também o espírito de desenfreada competição que gera egoísmo e conflitos; rejeitem modelos econômicos desumanos que criam novas formas de pobreza e marginalizam os trabalhadores, bem como a cultura da morte que desvaloriza a imagem de Deus, o Deus da vida, e viola a dignidade de cada homem, mulher e criança.

Vejamos o que diz o Compêndio de Doutrina Social da Igreja *sobre o mercado:*

"A Doutrina Social da Igreja, ainda que reconhecendo ao mercado a função de instrumento insubstituível de regulação no interior do sistema econômico, coloca em evidência a necessidade de ancorá-lo à finalidade moral, que assegura e, ao mesmo tempo, circunscreve adequadamente o espaço de sua autonomia. A ideia de que se possa confiar tão somente ao mercado o fornecimento de todas as categorias de bens não é admissível, porque baseada numa visão redutiva da pessoa e da sociedade. Diante do concreto risco de uma 'idolatria' do mercado, a Doutrina Social da Igreja lhe ressalta o limite, facilmente revelável em sua constatada incapacidade de satisfazer as exigências humanas importantes, pelas quais há necessidade de bens que, 'por sua natureza, não são e não podem ser simples mercadorias', bens não negociáveis segundo a regra da 'troca de equivalentes' e a lógica do contrato, típicas do mercado" (n. 349).

A DSI comparece no cenário das discussões sobre o mercado com sua *verdade sobre o homem* e contribui para a busca de um tipo de economia que respeite as necessidades humanas e se mova dentro de parâmetros éticos:

1º) A economia não pode ser um espaço para o puro privilégio, para o abuso de poder, para a indiferença aos valores da dignidade humana, para a recusa ao respeito e à ajuda aos mais fracos. A economia, tal como a vemos hoje, é cega, surda e muda diante dessas situações.

2º) É preciso priorizar a reflexão em torno de sua tarefa e de sua dimensão ética e oferecer subsídios nesse sentido a todos os que estão diretamente envolvidos na preparação de profissionais e formadores da opinião pública. Isso pode ser feito através da participação no currículo das faculdades que formam nessa área (Ciências Econômicas, Administração de Empresas etc.) e de simpósios interdisciplinares.

3º) A DSI exige uma ordem jurídica que oriente a economia para o bem comum, a fim de satisfazer as necessidades humanas. Deve haver coerência do econômico com os restantes âmbitos da vida individual e social, dentro dos fins do indivíduo e da sociedade, que ultrapassam a mera eficiência econômica. Nesse sentido, o Estado deve ter uma presença para:

a) Salvaguardar as condições fundamentais para uma economia livre (CA 15, 25).

b) Garantir a igualdade de condições dos distintos agentes econômicos (CA 15, 48).

c) Tutelar os direitos de nível superior: proteger a liberdade de todos (CA 44), zelar pelo exercício de Direitos Humanos no campo econômico (CA 48).

d) Prover os bens públicos (CA 40, 48).

e) Uma presença de suporte e suplência da iniciativa privada, segundo o princípio de subsidiariedade (CA 48).

4º) Sabemos que o mercado não é "total", que não consegue responder a todas as necessidades da pessoa, especialmente suas necessidades humanas. Por isso devem ser promovidos tipos de relações econômicas centradas na solidariedade.

5º) Como indica o próprio termo "economia", essa deve ser a arte de administrar a casa comum em favor de todos, para que haja igualdade social entre todas as pessoas e os povos (EG 206).

BLOCO 4

A EMPRESA E O LUCRO

A preocupação da DSI com a questão da empresa vem desde Pio XII. Ele afirmava que não se pode olhar patrões e empregados como antagonistas inconciliáveis, pois no campo da economia há confluência de interesses.

• João XXIII, na *Mater et Magistra* (n. 77), insiste sobre a conveniência dos empregados participarem na gestão da empresa, sendo seguido nisto por Paulo VI (PP 28) e pela *Gaudium et Spes* (n. 68).

• O que é a empresa? Fazendo eco ao magistério anterior, a *Gaudium et Spes* a define como "associação de pessoas, isto é, homens livres e autônomos". Daí a necessidade de que, respeitadas as funções de cada um, se promova uma conveniente *participação ativa* dos empregados na gestão da empresa e na tomada de decisões, por si mesmos ou por representantes livremente eleitos (cf. n. 68).

• João Paulo II, na *Centesimus Annus*, dedica uma atenção especial à empresa, que ele vê atuando dentro de um sistema de "economia de empresa", o qual julga positivo (cf. n. 32). A empresa é um grupo de homens que, de diversos modos, procuram a satisfação das suas necessidades fundamentais e constituem um grupo especial a serviço de toda a sociedade (n. 35).

• Mais recentemente, Bento XVI reconhece na *Caritas in Veritate* que desaparece o modelo de empresa pertencente a um único dono e localizada em seu território nacional. Um dos riscos disso é, sem dúvida, que a empresa preste contas quase exclusivamente a quem nela investe, acabando assim por reduzir a sua importância social. Além disso, a chamada deslocalização da atividade produtiva pode atenuar no empresário o sentido da responsabilidade para com os interessados, como os trabalhadores, os fornecedores, os consumidores, o ambiente natural e a sociedade circundante mais ampla, em benefício dos acionistas, que não estão ligados a um espaço específico. Cada vez mais se acentua a responsabilidade social da empresa, isto é, de que sua gestão não pode ter em conta unicamente os interesses de seus proprietários, mas deve preocupar-se também com as outras diversas categorias de sujeitos que contribuem para sua vida, e com a comunidade de referência (CV 39-40).

A empresa deve ser uma comunidade solidária não fechada aos interesses corporativos, tender a uma ecologia social do trabalho e contribuir para o bem comum mediante a salvaguarda do meio ambiente natural (CDSI 338-340).

O que é o lucro? Tecnicamente falando o lucro é sempre o mesmo: a diferença entre *custo* para remunerar os diversos fatores de produção e o *preço final* desse mesmo produto no mercado. De acordo com a *Centesimus Annus* o lucro vem quando "os fatores produtivos foram adequadamente empregados e as respectivas necessidades humanas saciadas", sendo assim sinal de vitalidade da empresa (CA 35). No entanto, a CA condena o lucro fácil obtido em atividades ilegais ou em operações econômicas puramente especulativas (n. 48).

A DSI tem uma posição positiva em relação ao lucro, desde que ele seja partilhado por todos aqueles que ajudaram a gerá-lo. Mas ela reconhece também a constante tentação de se abusar do bem comum em nome do lucro, o que se dá em um sistema econômico baseado sobre ele. A legitimidade ou ilegitimidade do lucro deve ser avaliada não em termos individualistas ou abstratos, mas à luz das consequências que a geração de lucros tem para a sociedade como um todo. Em outras palavras, o lucro é *bom* ou *mal*, dependendo do seu impacto em todos os membros de uma determinada sociedade, não somente sobre seus imediatos beneficiários.

O lucro pode ser considerado como motor do crescimento, quando é entendido como aquela parte que é usada como investimento. Ele pode ser visto também como um sinal da vitalidade da empresa, como o faz a *Centesimus Annus* (n. 35). No entanto, essa perspectiva só é válida em um mercado genuinamente concorrencial; o lucro de um monopolista não pode ser sinal de vitalidade da empresa.

Historicamente sempre se entendeu que o lucro é a renda do capitalista e o salário a do trabalhador. De maneira mais fria se dizia que o lucro é a riqueza do capitalista, e o salário a necessidade do trabalhador. Assim, tendo sido pago o salário combinado, tudo o que sobra é do patrão. No entanto, é preciso ter presente que a finalidade da atividade econômica é o melhoramento humano coletivo, não a aquisição individual ou em grupo de riqueza. Infelizmente, o desejo de gerar lucros mais do que o esforço em melhorar a condição humana se tornou a ideia-guia para os indivíduos e inteiras classes sociais. Isso é o que alude Pio XI na *Quadragesimo Anno* ao falar de "imperialismo internacional do dinheiro" (QA 105-108). O lucro que vem da atividade econômica é um tipo de propriedade comum que precisa ser repartido equitativamente entre todos os fatores que ajudaram a produzi-lo.

Na sociedade neoliberal busca-se o lucro reduzindo o número de trabalhadores e cortando as conquistas sociais adquiridas a duras penas. Recentemente o Papa Francisco acentuou que não se pode buscar rentabilidade econômica reduzindo o mercado de trabalho e criando novas formas de exclusão (EG 204).

Vejamos o que diz o Compêndio de Doutrina Social da Igreja:

"É indispensável que no interior da empresa a legítima busca do lucro se harmonize com a irrenunciável tutela da dignidade das pessoas que de diversas maneiras atuam na mesma empresa. As duas exigências não estão absolutamente em contraste uma com a outra, pois, de um lado, não seria realista pensar em garantir o futuro da empresa sem a produção de bens e serviços e sem conseguir lucros que sejam fruto da atividade econômica realizada; por outro lado, consentindo crescer a pessoa que trabalha, favorece-se uma maior produtividade e eficácia do mesmo trabalho" (n. 340).

BLOCO 5

A GLOBALIZAÇÃO DA ECONOMIA

Inicialmente vejamos alguns conceitos:

• **Mundialização**: Refere-se ao fluxo de matéria-prima, produtos, capitais, ideias e pessoas entre dois ou mais países. Essa sempre existiu e se baseia em atores nacionais, tendo as autoridades públicas de cada país um papel essencial.

• **Multinacionalização**: É caracterizada pela transferência das rendas de uma nação para outra. Típica dessa é a criação de sucursais exteriores de uma empresa, chamada exatamente de multinacional, que transfere para o exterior uma parte significativa da sua produção, mediante filiais, acordos de cooperação comercial e industrial.

• **Globalização (ou mundialização)**, ao invés um fenômeno qualitativamente diverso, indica uma intensificação de relações que tende a superar os limites tradicionalmente reconhecidos dos países até a constituição de um mundo no qual prevaleçam livres relações entre sujeitos que tendencialmente não são mais em primeiro lugar os países, mas entidades econômicas.

Interessa-nos este último aspecto, característico dos anos de 1990. Ao extraordinário crescimento das telecomunicações se iguala o impressionante crescimento do comércio e das transações financeiras internacionais. Porém, o que mais assusta e alarma é a liberalização da circulação de capitais. Apertando uma simples tecla pode-se enviar instantaneamente de um país a outro quantidades gigantescas de dinheiro, gerando um enorme mercado financeiro internacional, cuja finalidade não é a produção, mas a geração de lucros (GRUPPO DI LISBONA, 1994).

Elementos característicos da globalização (GRUPPO DI LISBONA, 1994):

• Formação de um mercado financeiro global, com perda de relevância da produção de bens e serviços. Enquanto a sociedade industrial produzia mercadorias, a financeira produz bens imateriais.

• Poder do conhecimento (*Know how*) e do aumento da taxa de obsoleidade das inovações tecnológicas.

• A "hiperconcorrência" ou a lei da competitividade levada à extrema consequência, facilitada pela atuação das palavras de ordem "liberalização, privatização e desregulamentação".

• Perda de relevância do Estado ou do sistema nacional, entendido como ponto de referência fundamental.

• Formação de uma cultura global.

A Doutrina Social da Igreja toma consciência desse fenômeno como sendo uma interdependência entre os países, e vê isso como positivo. Porém faz algumas ressalvas:

• João Paulo II, na *Sollicitudo Rei Socialis*, acentua a interdependência que existe entre os diversos países nas dimensões econômica, financeira, cultural e outras. Alerta, porém, que se essa interdependência não for assumida como uma categoria ética, pode virar hegemonia dos mais fortes sobre os mais fracos (n. 26, 38 e 39).

• Por sua vez, na *Centesimus Annus*, o mesmo papa fala sobre um fenômeno atual, que ele chama de "mundialização da economia". Esta pode ser causa de bem-estar para todos, desde que existam organismos internacionais que gerenciem esse processo, ligando-o ao bem comum global (n. 58).

• Os bispos reunidos no Sínodo da América afirmaram: "A Igreja, mesmo estimando os valores positivos que comporta a globalização, vê com preocupação os aspectos negativos por ela veiculados" (A Igreja na América, n. 20).

• Bento XVI cita um discurso de João Paulo II, afirmando que não se pode negar nem absolutizar a globalização, pois ela não é boa nem má. Ela será aquilo que as pessoas fizerem dela, e daí a necessidade de um governo global que possa gerir subsidiariamente esse processo para o bem de todos (n. 42, 67).

• Papa Francisco acentua o aspecto cultural, ao afirmar que a globalização comportou uma acelerada deterioração das raízes culturais com a invasão de tendências pertencentes a outras culturas, economicamente desenvolvidas, mas eticamente debilitadas (EG 62).

Por fim, o Compêndio de Doutrina Social da Igreja *afirma:*

"A globalização alimenta novas esperanças, mas também suscita interrogações inquietantes. Ela pode produzir efeitos potencialmente benéficos para a humanidade inteira: entrelaçando-se com o impetuoso desenvolvimento das telecomunicações, o percurso de crescimento do sistema de relações econômicas e financeiras tem consentido simultaneamente uma notável redução nos custos das telecomunicações e das novas tecnologias, bem como uma aceleração no processo de extensão em escala planetária dos intercâmbios comerciais e das transações financeiras. Em outras palavras, aconteceu que os dois fenômenos, globalização econômico-financeira e progresso tecnológico têm se reforçado reciprocamente, tornando extremamente rápida a dinâmica completiva da atual fase econômica. *Analisando o contexto atual, além de divisar as oportunidades que se abrem na era da economia global, percebem-se também os riscos ligados às novas dimensões das relações comerciais e financeiras*. Não faltam, efetivamente, indícios reveladores de uma tendência ao *aumento das desigualdades*, quer entre países avançados e países em via de desenvolvimento, quer no interior dos países industrializados. À crescente riqueza econômica possibilitada pelos processos descritos acompanha um crescimento da pobreza relativa"* (n. 362).

BLOCO 6

A QUESTÃO ENERGÉTICA

A problemática energética com certeza está no centro da preocupação mundial. A Campanha da Fraternidade de 2011 sobre "Fraternidade e Vida no Planeta" chamou a atenção para o crescimento da emissão de gases que produzem o efeito estufa, bem como para o esgotamento dos recursos de energia provenientes de combustíveis fósseis e a necessidade de se buscar formas alternativas de geração de energia, uma vez que o consumo de energia cresceu exponencialmente nos últimos cem anos.

Crescimento do consumo de energia

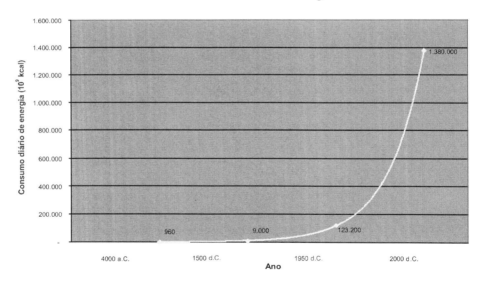

Esse consumo não é igualitário, pois um pequeno grupo de países consome muito mais do que a grande maioria, o que representa uma utilização não democrática dos recursos naturais.

Consumo de energia e emissões de carbono por região, 1990-2020

Países ou região	Consumo de energia (Quad/BTU)			
	1990	1999	2010	2020
Industrializados: 17% da população	182,4	209,6	243,4	270,4
Europa Oriental e Rússia = 8% da população	76,3	50,5	60,3	72,3
Em desenvolvimento: 75% da população	87,2	121,8	186,1	264,4
Ásia = 54% da população	51,0	70,9	113,4	162,2
Oriente Médio = 3% da população	13,1	19,3	26,9	37,2
África = 12% da população	9,3	11,8	16,1	20,8
América Central-Sul = 6% da população	13,7	19,8	29,6	44,1
Total mundial	346,0	381,8	489,7	607,1

Quad. = Quadrilhão.
BTU = British Thermal Unit. É uma unidade de medida não métrica para quantidade de energia.

Na *Sollicitudo Rei Socialis*, João Paulo II afirmou que um dos pontos positivos da sociedade atual é a preocupação com os limites dos recursos naturais:

"Entre os sinais positivos do tempo presente é preciso registrar, ainda, uma maior consciência dos limites dos recursos disponíveis e da necessidade de respeitar a integridade e os ritmos da natureza e de os ter em conta na programação do desenvolvimento, em vez de os sacrificar a certas concepções demagógicas. É, afinal, aquilo a que se chama hoje preocupação ecológica" (n. 26).

Mas foi Bento XVI que na *Caritas in Veritate* levantou a questão da gestão energética:

"O açambarcamento dos recursos energéticos não renováveis por parte de alguns estados, grupos de poder e empresas constitui um grave impedimento para o desenvolvimento dos países pobres. Estes não têm os meios econômicos para chegar às fontes energéticas não renováveis que existem, nem para financiar a pesquisa de fontes novas e alternativas. A monopolização dos recursos naturais, que em muitos casos se encontram precisamente nos países pobres, gera exploração e frequentes conflitos entre as nações e dentro das mesmas. E muitas vezes esses conflitos são travados precisamente no território de tais países, com um pesado balanço em termos de mortes, destruições e maior degradação. A comunidade internacional tem o imperioso dever de encontrar as vias institucionais para regular a exploração dos recursos não renováveis, com a participação também dos países pobres, de modo a planificar em conjunto o futuro. Há aqui a necessidade de uma renovada solidariedade: as sociedades desenvolvidas devem diminuir seu consumo energético, seja por causa das novas tecnologias, quanto pela consciência de seus cidadãos. Há necessidade de pesquisa e investimentos em novos recursos energéticos, mas também de uma redistribuição dos recursos existentes, para que os países desprovidos possam ter acesso aos mesmos" (n. 49).

Vejamos o que diz o Compêndio da Doutrina Social da Igreja:

"Uma atenção particular deverá ser reservada às complexas problemáticas concernentes aos *recursos energéticos*. As fontes não renováveis, exploradas pelos países altamente industrializados e por aqueles de recente industrialização, devem ser postas a serviço de toda a humanidade. Em uma perspectiva moral, caracterizada pela equidade e pela solidariedade entre as gerações, se deverá, outrossim, continuamente, mediante o contributo da comunidade científica, identificar novas fontes energéticas, desenvolver as alternativas e elevar o nível de segurança da energia nuclear. A utilização da energia, pela conexão que tem com as questões do desenvolvimento e do ambiente, chama em causa a responsabilidade política dos estados, da comunidade internacional e dos operadores econômicos; tais responsabilidades deverão ser iluminadas e guiadas pela busca contínua do bem comum universal" (n. 470).

BLOCO 7

A QUESTÃO ECOLÓGICA

Entre 1500 e 1850 foi eliminada uma espécie de vida em cada 10 anos; entre 1850 e 1950 foi destruída uma espécie de vida por ano; nos anos de 1990 desapareceram 10 espécies de vida por dia (SCHWERZ & NETO, 1992). Infelizmente as cúpulas mundiais sobre a questão ambiental têm enfrentado resistência por parte dos países industrializados. Dessa maneira, a questão ambiental assume características estruturais em nível internacional.

Na origem da questão ambiental está a pretensão do homem de exercer um domínio incondicional sobre as coisas, por meio de uma exploração inconsiderada dos recursos da criação (CDSI 461). Uma intervenção desordenada na natureza tem sérias consequências sobre a vida de todos. Como diz o ditado, "Deus perdoa sempre, o ser humano algumas vezes, mas a natureza, nunca".

Na Bíblia o povo se extasia diante da criação. O encantamento diante da natureza está nos Salmos de Louvor, que cantam as maravilhas de Deus na criação e no ser humano (Sl 8), no cosmos e na aliança (Sl 19), na criação e salvação com todos os seres (Sl 148).

No Evangelho, Jesus rejeita a tentação da mudança da finalidade da natureza em benefício próprio. *"Se és filho de Deus, manda que estas pedras se transformem em pães"* (Mt 4,3). A finalidade da pedra é ser pedra, não ser transformada em outra coisa para satisfazer interesses individuais. Além disso, em seu ministério, Jesus valoriza os elementos da natureza em sua pregação e se revela seu Senhor (CDSI 453). Ademais, a salvação trazida por Jesus estende-se também à natureza, que "geme em dores de parto" (Rm 8,22). Encarnando-se, Ele santificou todo o criado!

Ao mesmo tempo em que a humanidade foi tomando maior consciência da questão ecológica nas últimas décadas do século XX, também a Igreja foi clarificando os seus posicionamentos. Vejamos algumas indicações da Doutrina Social da Igreja:

• João XXIII introduz o tema da conservação dos bens materiais em relação ao crescimento demográfico, perguntando como relacionar os sistemas econômicos e os meios de subsistência com o intenso crescimento da população humana (MM 185).

• Paulo VI tem diversos ensinamentos sobre a questão ambiental: Discurso à FAO (1970), Mensagem ao Congresso da JUC italiana em Roma (1971), Mensagem ao Congresso Mundial da ONU sobre o Meio Ambiente em Estocolmo (1972), além das contribuições da Santa Sé às conferências de Bucarest (1974) e Vancouver (1976). A Carta Apostólica *Octogesima Adveniens* enumera entre os novos problemas de hoje a questão do meio ambiente, denunciando a exploração desmedida da natureza como um grande problema social, pois o homem arrisca destruí-la e ser ele mesmo degradado (OA 21).

• João Paulo II introduziu essa temática em sua encíclica programática *Redemptor Hominis* (RH 8 e 15). No texto do Dia Mundial da Paz de 1990, cujo lema era *Paz com Deus Criador, paz com toda a criação*, faz uma apreciação dos aspectos morais da questão ecológica. Na Encíclica *Solicitudo Rei Socialis* trata da preocupação ecológica no contexto do subdesenvolvimento (SRS 26, 34). Na Encíclica *Centesimus Annus* ele qualifica como preocupante a falta de respeito à natureza, vinculada ao problema do consumismo (CA 37); claro expoente, por sua vez, da alienação do homem nos países mais desenvolvidos. Ademais, inclui o respeito à natureza dentro de "uma autêntica ecologia humana", que exige o respeito à vida e à família (CA 38-39).

• Bento XVI diz na *Caritas in Veritate* que as modalidades com que o homem trata o ambiente influem sobre as modalidades com que trata a si mesmo, e vice-versa. Isto chama a sociedade atual a uma séria revisão do seu estilo de vida que, em muitas partes do mundo, pende para o hedonismo e o consumismo, sem olhar para os danos que daí derivam. É necessária uma real mudança de mentalidade que nos induza a adotar novos estilos de vida. A degradação da natureza está estreitamente ligada à cultura, que molda a convivência humana: quando a ecologia humana é respeitada dentro da sociedade, beneficia também a ecologia ambiental (CV 51).

- Papa Francisco na encíclica *Laudato Si'* se refere a um tipo de comportamento que ele chama de "antropocentrismo despótico", isto é, uma incorreta interpretação do mandamento do Criador no livro do Gênesis ao homem e mulher de "dominar a terra". Contra esse tipo de comportamento baseado em uma razão instrumental, o Papa Francisco afirma que o mundo não é um problema a se resolver, mas um mistério gozoso que contemplamos na alegria e no louvor (LS 12).

- Dentre as propostas levantadas pelo Papa Francisco nesta encíclica está o apelo a uma mudança no estilo de produção e consumo, atualmente determinados pelo mercado e geradores de necessidades artificiais (LS 26; 138; 191), mudança que São João Paulo II chamou de conversão ecológica (Catequese do dia 17 de janeiro de 2001) e que foi assumida nesta encíclica (LS 216-221). No que tange às instituições, o Pontífice pede um compromisso internacional em torno da questão ambiental, para salvaguardar a vida do Planeta e o direito dos mais pobres.

Vejamos uma indicação do Compêndio de Doutrina Social da Igreja:

"Uma correta concepção do ambiente, se de um lado não pode reduzir de forma utilitarista a natureza a mero objeto de manipulação e desfrute, por outro lado não pode absolutizar a natureza e sobrepô-la em dignidade à própria pessoa humana. Neste último caso, chega-se ao ponto de divinizar a natureza ou a terra, como se pode facilmente divisar em alguns movimentos ecologistas que querem que se dê um perfil institucional internacionalmente garantido às suas concepções. *O Magistério tem motivado a sua contrariedade a uma concepção do ambiente inspirada no ecocentrismo e no biocentrismo,* porque 'se propõe eliminar a diferença ontológica e axiológica entre o homem e os outros seres vivos, considerando a biosfera como uma unidade biótica de valor indiferenciado. Chega-se assim a eliminar a superior responsabilidade do homem em favor de uma consideração igualitária da dignidade de todos os seres vivos'" (n. 463).

Cremos que "a terra e as suas riquezas são suficientes, se a humanidade aprender a partilhá-las, em vez de as esbanjar entre poucos" (SODANO, 1993). Por isso, precisa-se criar uma *nova solidariedade*, especialmente nas relações entre os países em vias de desenvolvimento e os países altamente industrializados.

BLOCO 8

A CULTURA

Nos últimos anos tem havido uma preocupação da DSI com a questão da cultura, especialmente no magistério social de São João Paulo II. Ele pediu aos bispos do Celam em 1983, no Haiti, uma Nova Evangelização em seu ardor, em seus métodos e em seu conteúdo, para que a luz do Evangelho iluminasse a cultura contemporânea.

O conceito de "cultura" apareceu no final do século XVIII na Alemanha. Dentro dos estudos de história comparada das civilizações esse conceito havia permitido discernir os períodos da história e as sociedades que representavam as diferentes etapas do progresso humano. Podia-se, então, considerar uma determinada etapa como um avanço no progresso. A palavra "cultura" foi usada precisamente para descrever essa evolução do progresso.

A antropologia cultural define a cultura como "um conjunto concatenado de modos de pensar, sentir e agir, mais ou menos formalizados que, apreendidos e condivisos por uma pluralidade de pessoas, servem, em modo ao mesmo tempo objetivo e simbólico, a constituir essas pessoas em uma coletividade particular e distinta."

O Documento de Puebla a define como "o modo particular pelo qual os homens cultivam sua relação com a natureza, entre si e com Deus, de modo a poderem chegar a um nível verdadeiro e plenamente humano" (386). O mesmo documento fala que vivemos em uma cultura marcada por ídolos de morte, que podem ser resumidos em três: o ter, o poder e o prazer (405, 491, 493, 500).

João Paulo II fala na *Sollicitudo Rei Socialis* de "mecanismos perversos" presentes na sociedade atual (n. 17, 35 e 40). Estes não são naturais ou automáticos, mas são manipulados por pessoas, a partir dos centros de decisões. Estes mecanismos criam verdadeiras "estruturas de pecado" (n. 36), que é necessário combater e transformar.

Ainda o mesmo papa, na *Centesimus Annus*, reconhece que os erros do livre-mercado estão no sistema ético-cultural que o acompanha, fundamentado na liberdade econômica absoluta e no consumismo (n. 36;39). Nessa mesma encíclica, ele dedica um capítulo à questão do Estado e da Cultura (Cap. V), porque reconhece que toda a atividade humana tem lugar no seio de uma cultura e integra-se nela (n. 52). A contribuição da Igreja para a construção da cultura está em oferecer uma concepção de pessoa, a partir da qual se desenvolverá todas as demais dimensões da vida: econômica, política, familiar, religiosa e outras (n. 52).

Bento XVI na *Caritas in Veritate* denunciou um relativismo cultural na sociedade moderna, que levou a um ecletismo cultural, o qual colocou todas as culturas como sendo substancialmente idênticas e intercambiáveis, sem identidade definida e pontos de referência. Em seguida, segundo ele, veio o problema do nivelamento cultural, onde aconteceu uma padronização de comportamentos e estilos de vida, perdendo-se o contato com as tradições e os grandes valores da cultura de origem (n. 26). O problema maior, para ele, acenteceu na educação, não somente a escolar, mas em geral. Esta deve ter uma correta visão da pessoa humana, para que possa educar integralmente o cidadão. No entanto, o relativismo aqui presente, especialmente no que se refere às questões morais, não permite que se chegue à plena realização humana (n. 61).

O Papa Francisco tem denunciado a expansão de uma "cultura do descartável" que está entrando sub-repticiamente em nossa vida:

> "O ser humano é considerado, em si mesmo, como um bem de consumo que se pode usar e depois lançar fora. Assim teve início a cultura do 'descartável' que, aliás, chega a ser promovida. Já não se trata simplesmente do fenômeno de exploração e opressão, mas de uma realidade nova: com a exclusão, fere-se, na própria raiz, a pertença à sociedade onde se vive, pois quem vive nas favelas, na periferia ou sem poder já não está nela, mas fora. Os excluídos não são explorados, mas resíduos, sobras" (*Evangelii Gaudium*, 53).

A cultura tem três grandes áreas. A primeira delas é a ideológica: ideias, crenças e valores vigentes em uma sociedade. Aqui se incluem os credos religiosos, os princípios filosóficos que inspiram uma cultura, as ideias dominantes do povo (filosofia popular), ideologias e utopias, as manifestações artísticas, linguagem e escrita. A segunda área é a normativa: todos os tipos de regras que regulam a conduta social dos indivíduos, tais como leis, costumes, hábitos sociais, usos, moda, regras de etiqueta e de comportamento social, modos de se relacionar com os demais; e, por outra parte, de todas as instituições e normas que regulam a constituição e o funcionamento de toda classe de grupos sociais públicos. Por fim, a terceira área é material: utensílios, instrumentos, máquinas e aparatos técnicos inventados pelo homem, assim como suas realizações materiais, como edifícios, fábricas e outros.

A presença dos cristãos leigos no mundo da cultura, com os grandes valores do Reino como vida, justiça, paz e verdade, é vista pelo Compêndio da Doutrina Social da Igreja como urgente:

"A cultura deve constituir um campo privilegiado de presença e empenho pela Igreja e pelos cristãos individuais. O destaque entre a fé cristã e a vida cotidiana é julgado pelo Concílio Vaticano II como um dos erros mais graves do nosso tempo. O extravio do horizonte metafísico; a perda da nostalgia de Deus no narcisismo autorreferencial e na fartura de meios de um estilo de vida consumista; o primado conferido à tecnologia e à pesquisa científica fim em si mesma; a ênfase ao aparente, da busca da imagem, das técnicas de comunicação: todos estes fenômenos devem ser compreendidos em seu aspecto cultural e colocados em relação com o tema central da pessoa humana, do seu crescimento integral, da sua capacidade de comunicação e de relação com os outros homens, do seu contínuo interrogar-se sobre grandes questões que circundam a existência. Tenha-se presente que "a cultura é aquilo pelo que o homem se torna mais homem, 'é' mais, aproxima-se mais do 'ser'". (n. 554).

O cristianismo nasceu na cultura judaica e migrou para a cultura helênico-romana. Ele não revolucionou essas culturas de imediato, mas foi plantando sementes que construíram a civilização ocidental. Um texto muito antigo fala dessa presença silenciosa dos cristãos no meio da cultura:

Carta a Diogneto (trechos dos capítulos V e VI):

"Não se distinguem os cristãos dos demais nem pela região, nem pela língua, nem pelos costumes. Não habitam cidades à parte, não empregam idioma diverso dos outros, não levam gênero de vida extraordinário. Moram alguns em cidades gregas, outros em bárbaras, conforme a sorte de cada um. Seguem os costumes locais relativamente ao vestuário, à alimentação e ao restante estilo de viver, apresentando um estado de vida político admirável e sem dúvida paradoxal. Moram na própria pátria, mas como peregrinos. Enquanto cidadãos, de tudo participam. Porém, tudo suportam como estrangeiros. Toda terra estranha é pátria para eles e toda pátria, terra estranha [...]. Para simplificar, o que a alma é no corpo, são no mundo os cristãos. Deus os colocou em tão elevado posto, que não lhes é lícito recusar".

Lendo este trecho, que nos remete às origens do cristianismo, vemos o acento na inserção dos cristãos no mundo. Eles não querem se colocar como uma casta à parte, separados do "resto". Estão presentes em tudo e deixam sua contribuição.

Questões para autoavaliação

1) O *Compêndio* afirma que "Os problemas sociais assumem cada vez mais uma dimensão planetária: a paz, a ecologia, a alimentação, a droga, as doenças. Estado algum já os pode enfrentar e resolver sozinho. As gerações atuais tocam com as mãos a necessidade da solidariedade e advertem concretamente a necessidade de superar a cultura individualista (n. 373)". Comente essa afirmação.

2) "As novas tecnologias não beneficiam os mais pobres." Organize argumentos prós e contras nessa afirmação. Por fim, veja qual deles pesa mais.

3) Discuta a seguinte afirmação: "*Um verdadeiro mercado concorrencial é um instrumento eficaz para alcançar importantes objetivos de justiça*: moderar os excessos de lucros das empresas singulares; responder às exigências dos consumidores; realizar uma melhor utiliza-

143

ção e economia dos recursos; premiar os esforços empresariais e a habilidade de inovação; fazer circular a informação, em modo que seja verdadeiramente possível confrontar e adquirir os produtos em um contexto de saudável concorrência" (*Compêndio de Doutrina Social da Igreja* 347).

4) Discuta a seguinte afirmação do *Compêndio de Doutrina Social da Igreja*: "*Se na atividade econômica e financeira a busca de um lucro equitativo é aceitável, o recurso à usura é moralmente condenado.* [...] Tal condenação estende-se também às relações econômicas internacionais, especialmente no que diz respeito à situação dos países menos avançados, aos quais não podem ser aplicados 'sistemas financeiros abusivos e mesmo usurários'. O Magistério mais recente tem reservado palavras fortes e claras para uma prática ainda hoje dramaticamente estendida: 'não praticar a usura, chaga que ainda nos nossos dias é uma realidade vil, capaz de aniquilar a vida de muitas pessoas'" (n. 341).

5) A partir das indicações da Doutrina Social da Igreja, discuta as vantagens e os perigos da globalização.

6) Os três "r" propostos na questão energética são: **r**eduzir, **r**eciclar, **r**eutilizar. Discuta essa proposta.

7) Leia os números 462 e 463 do *Compêndio* e discuta como chegar a um equilíbrio na questão ecológica entre o "ecocentrismo/biocentrismo" e a "dignidade da pessoa humana".

8) Na década de 1990 falava-se que vivíamos em uma cultura neopagã idolátrica em função dos ídolos do ter, do poder e do prazer. Você percebe outros ídolos na cultura atual? Como evangelizar essa cultura?

Texto para aprofundamento

Missiva do Papa Francisco a David Cameron por ocasião do G8 na Irlanda do Norte [Disponível em http://www.vatican.va/holy_father/ francesco/letters/2013/documents/papa-francesco_20130615_lettera-cameron-g8_po.html – Acesso em 17/03/2014].

Economia e política a serviço dos pobres

Ao Deputado David Cameron, MP
Primeiro-ministro

Estou feliz por responder à sua amável missiva de 5 de junho de 2013, com a qual quis informar-me sobre a agenda do seu Governo para a Presidência britânica do G8 durante o ano de 2013 e no próximo Summit, previsto em Lough Erne, nos dias 17 e 18 de junho de 2013, intitulado: *A G8 meeting that goes back to first principles.*

A fim de que este tema tenha o seu significado mais amplo e profundo, é necessário garantir a cada atividade política e econômica, nacional e internacional, uma referência ao homem. Com efeito, estas atividades devem, por um lado, permitir a máxima expressão da liberdade e da criatividade individual e coletiva e, por outro, promover e garantir que elas sempre sejam exercidas responsavelmente e no sentido da solidariedade, com uma atenção especial pelos mais pobres.

As prioridades que a Presidência britânica fixou para o Summit de Lough Erne dizem respeito sobretudo ao livre-comércio internacional, ao fisco, à transparência dos governos e dos agentes econômicos. No entanto, não falta uma atenção fundamental ao homem, concretizada na proposta de um trabalho concertado do Grupo para eliminar definitivamente o flagelo da fome e para garantir a segurança alimentar. De igual modo, é um ulterior sinal de atenção à pessoa humana o fato de que um dos temas centrais da agenda seja a tutela das mulheres e das crianças contra a violência sexual em situações de conflito, embora não possamos esquecer que o contexto indispensável para o desenvolvimento de todas as decisões políticas supramencionadas é o da paz internacional. Infelizmente, a preocupação pela grave crise internacional é um tema recorrente nas deliberações do G8, e este ano não se poderá deixar de considerar com atenção a situação no Médio Oriente e, particularmente, na Síria. A este propósito, formulo votos a fim de que o Summit contribua para alcançar um cessar-fogo imediato e duradouro, e para levar todas as partes em conflito à mesa das negociações. A paz exige uma renúncia clarividente a determinadas pretensões, para construir juntos uma paz mais equitativa e justa. Além disso, a paz é um requisito indispensável para a tutela das mulheres, das crianças e de outras vítimas inocentes, e para começar a debelar a fome, de maneira especial entre as vítimas da guerra.

As decisões incluídas na agenda da Presidência britânica do G8, que tencionam apostar na legalidade como o fio de ouro do desenvolvimento, com consequentes compromissos para evitar a evasão fiscal e assegurar a transparência e a responsabilidade dos governantes, são medidas que visam as raízes éticas profundas dos problemas, uma vez que, como justamente tinha indicado o meu predecessor Bento XVI, a presente crise global demonstra que a ética não é algo de externo em relação à economia, mas constitui uma parte integrante e iniludível do pensamento e das atividades econômicas.

Quer as medidas de longo alcance para assegurar uma adequada instância de legalidade que oriente todas as decisões econômicas, quer as urgentes medidas comuns para resolver a crise econômica mundial devem ser norteadas pela ética da verdade que inclui, antes de tudo, o respeito pela verdade acerca do homem, que não é um elemento adicional da economia, nem um bem descartável, mas algo dotado de uma natureza e de uma dignidade que não podem ser reduzidas a um simples cálculo econômico. Por conseguinte, a solicitude pelo fundamental bem-estar material e espiritual de cada homem constitui o ponto de partida para qualquer solução política e econômica, assim como a medida derradeira da sua eficácia e da sua validade ética.

Além disso, a finalidade da economia e da política é servir a humanidade, a começar pelos mais pobres e mais vulneráveis, onde quer que se encontrem, mesmo que seja no ventre da própria mãe. Cada teoria ou decisão econômica e política deve procurar oferecer a cada habitante da Terra aquele bem-estar mínimo que lhe permita viver dignamente, na liberdade, com a possibilidade de sustentar uma família, de educar os seus filhos, de louvar a Deus e de desenvolver as próprias capacidades humanas. Isto é fundamental! Sem esta visão, nenhuma atividade econômica tem significado.

Neste sentido, os vários e graves desafios econômicos e políticos que o mundo contemporâneo enfrenta exigem uma corajosa mudança de atitudes, que restitua ao fim (a pessoa humana) e aos meios (a economia e a política), o lugar que lhes é próprio. O dinheiro e os outros instrumentos políticos e econômicos devem servir, e não governar, tendo presente que a solidariedade gratuita e abnegada é, de maneira aparentemente paradoxal, a chave do bom funcionamento econômico global.

Pude compartilhar estes pensamentos com o Senhor Primeiro-Ministro, com o desejo de contribuir para ressaltar quanto está implícito em todas as instâncias políticas, mas que por vezes podemos esquecer: a importância primordial de colocar o homem, cada homem e cada mulher, no centro de todas as decisões políticas e econômicas nacionais e internacionais, uma vez que o homem é o recurso mais autêntico e profundo da política e da economia e, ao mesmo tempo, a sua finalidade última.

Senhor Primeiro-Ministro, persuadido de que estes pensamentos oferecem uma contribuição espiritual válida para as vossas deliberações, manifesto os meus mais sinceros votos de bom êxito para os vossos trabalhos e invoco abundantes bênçãos sobre o Summit de Lough Erne, sobre todos os seus participantes e sobre as atividades da Presidência britânica do G8 durante o ano de 2013, enquanto aproveito a oportunidade para renovar os meus melhores votos e para manifestar os meus sentimentos de estima.

Vaticano, 15 de junho de 2013.

Francisco

Referências utilizadas na Unidade 4

ARGANDONA, A. "Capitalismo y economía de mercado en la *Centesimus Annus*". In: FERNÁNDEZ, F. (org.). *Estudios sobre la Encíclica* Centesimus Annus. Madri: Aedos/Unión Editorial, 1992, p. 459.

BENTO XVI. *Caritas in Veritate* – Sobre o desenvolvimento humano integral na caridade e na verdade. São Paulo: Paulinas, 2009.

CADORETTE, C. "Profit". In: DWYER, J. (org.). *The New Dictionary of Catholic Social Though*. Collegeville, Min.: The Liturgical Press, 1994, p. 791-792.

CAMACHO, F. "Il mercato – Storia e antropologia di una istituzione socioeconomica". *Concilium*, 2/1997, p. 21-32. Bréscia: Queriniana.

CAMPIGLIO, L. "La *Centesimus Annus* e l'economia: una interpretazione coerente". *Aggiornamento Sociali*, 11/1991, p. 677-691.

Carta a Diogneto. Petrópolis: Vozes, 1976 [Trad. do original grego pela Abadia de Santa Maria].

CNBB/Setor Pastoral Social. *A Igreja e a questão ecológica* – Leitura ético-teológica, a partir da análise crítica do desenvolvimento. São Paulo: Paulinas, 1992.

CURZIO, A. "Per una riflessione sul profitto". *Aggiornamenti Sociali*, 11, 1985, p. 675-686.

FRANCISCO. *Exortação Apostólica* Evangelii Gaudium*: a alegria do Evangelho* – Sobre o anúncio do Evangelho no mundo atual. São Paulo: Paulus/Loyola, 2013.

GRUPPO DI LISBONA. *I limiti alla competitività*. Roma: Istituto Poligrafico, 1994.

JOÃO PAULO II. *Carta Encíclica* Centesimus Annus. São Paulo: Loyola, 1991.

_____. "Mensagem para o Dia Mundial da Paz de 01/01/90: Paz com Deus criador, paz com toda a criação". *L'Osservatore Romano*, n. 10, 17/12/89, p. 6.

_____. *Solicitude Social da Igreja* – Carta Encíclica *Sollicitudo Rei Socialis*. Petrópolis: Vozes, 1988 [Documentos Pontifícios, 218].

_____. *Sobre o trabalho humano* – Carta Encíclica *Laboren Exercens*. Petrópolis: Vozes, 1981 [Documentos Pontifícios, 196].

JOÃO XXIII. *Carta Encíclica* Mater et Magistra. 13. ed. São Paulo: Paulinas, 2010.

LA VALLE, R. "Rovesciare dal trono il nuovo sovrano, il mercato". *Missione Oggi*, n. 5, mai./1996, p. 7-10.

PAULO VI. *Carta Apostólica* Octogesima Adveniens. 2. ed. São Paulo: Paulinas, 1992.

_____. *Populorum Progressio* – Carta Encíclica de Sua Santidade o Papa Paulo VI sobre o desenvolvimento dos povos. 11. ed. São Paulo: Paulinas, 1990.

PIO XI. *Quadragesimo Anno* – Sobre a restauração e o aperfeiçoamento da ordem social em conformidade com a lei evangélica. 4. ed. São Paulo: Paulinas, 2001.

PIO XII. "La solennitá della Pentecoste" [Trad. Poliglota Vaticana]. In: COSTA, L. (org.). *Documentos de Pio XII (1939-1958)*. São Paulo: Paulus, 1998.

PONTIFÍCIA COMISSÃO JUSTIÇA E PAZ. *Compêndio de Doutrina Social da Igreja*. São Paulo: Paulinas, 2005.

SCHWERZ, N. & NETO, O. *Ensino Social da Igreja e ecologia*. Petrópolis: Vozes, 1992, p. 11 [Coleção Ensino Social da Igreja, vol. IV].

SODANO, Â. "Ambiente e desenvolvimento na visão cristã: Discurso à Assembleia Geral na ECO/92". *Sedoc*, vol. 25, n. 6, 1983, p. 148.

Conecte-se conosco:

 facebook.com/editoravozes

 @editoravozes

 @editora_vozes

 youtube.com/editoravozes

 +55 24 2233-9033

www.vozes.com.br

Conheça nossas lojas:

www.livrariavozes.com.br

Belo Horizonte – Brasília – Campinas – Cuiabá – Curitiba
Fortaleza – Juiz de Fora – Petrópolis – Recife – São Paulo

EDITORA VOZES LTDA.
Rua Frei Luís, 100 – Centro – Cep 25689-900 – Petrópolis, RJ
Tel.: (24) 2233-9000 – E-mail: vendas@vozes.com.br